了知发展
用爱教养

共筑孩子心理成长的内心花园

郑宏 刘晓华 李黎 ◎ 主编

上海大学出版社

图书在版编目(CIP)数据

了知发展、用爱教养：共筑孩子心理成长的内心花园 / 郑宏，刘晓华，李黎主编. -- 上海：上海大学出版社，2024.10. -- ISBN 978-7-5671-5089-8

Ⅰ．G444

中国国家版本馆 CIP 数据核字第 2024S5Z449 号

责任编辑　陈　露
封面设计　缪炎栩
技术编辑　金　鑫　钱宇坤

了知发展　用爱"教养"

郑　宏　刘晓华　李　黎　主编

上海大学出版社出版发行
（上海市上大路 99 号　邮政编码 200444）
（https://www.shupress.cn　发行热线 021-66135112）
出版人　余　洋

*

南京展望文化发展有限公司排版
江苏凤凰数码印务有限公司印刷　各地新华书店经销
开本 890mm×1240mm　1/32　印张 4.75　字数 110 千
2024 年 11 月第 1 版　2024 年 11 月第 1 次印刷
ISBN 978-7-5671-5089-8/G·3640　定价 48.00 元

版权所有　侵权必究
如发现本书有印装质量问题请与印刷厂质量科联系
联系电话：025-57718474

本书编委会

主　编： 郑　宏　刘晓华　李　黎

副主编： 王婷婷　郭　茜　胡　娜

编　委：（按姓氏笔画排序）

王晨雨　王　楠　吕睿哲　庄建林
刘倩瑜　孙　岩　李　伦　李佳慧
李　娜　李紫嫣　杨　玲　吴泠伶
陈亮亮　陈　曦

顾　问： 沈　颉　鞠　康　陈玄玄　张　郦
陶　华　吴宇洁　刘俊升　蔡　丹
李冠军　杨　铿　黄旦闻

目 录
Contents

序 与心相伴,遇见未来
——致每位陪伴和守护儿童青少年成长的你、我、他(她)

001 第一篇
了知发展——儿童青少年正常心理发展概述

心身一体,一路向前——浅谈儿童青少年心理发展的历程 / 003

关心他人是一种美德——浅析儿童"共情"能力 / 006

循"情"发展,用"心"守护——儿童青少年情绪发展 / 010

相信成长的力量——成长型思维对儿童青少年的影响 / 018

传染病与心理健康 / 024

029 第二篇
守护成长——儿童青少年家庭教养和学校教育的要点

温润世界,涵容发展——害羞儿童的教养策略 / 031

家庭"去三角化"——控制转移的焦虑 / 035

增进亲子沟通,融洽家庭关系——家庭教育理论与实践 / 040

与父母的"心理控制"说拜拜? / 043

共筑孩子心理成长的内心花园

047 | 第三篇
向阳而生——儿童青少年成长的"心情"故事

"慢一拍"生活中的"璀璨绚烂"——多维解析儿童口吃 / 049

聪明的孩子在学习面前为何"犯了愁"——触感学龄早期
"阅读障碍" / 059

求之不得的"知心朋友"——受困于"社交焦虑障碍"的孩子
们 / 071

"回旋"的命运,"完美"的缺憾——青少年"厌学" / 079

究竟谁能懂我的"痛"——青少年躯体疼痛障碍 / 089

易得的"爱",却为何化为"一道道的伤痕"——儿少期非
自杀性自伤 / 096

无用的躯壳,空心的自己——青少年重度抑郁障碍 / 106

看不清的"前路",寻不到的"议论"——起病于儿少期的
精神分裂症 / 118

127 | 第四篇
用爱诵读——送给青少年的诗歌

"内在成长"诗歌篇 / 129

"青春之歌"诗歌篇 / 132

附一 制怒四步骤 / 136

附二 资源地图:上海市、区级专业医院 / 138

序
与心相伴，遇见未来

——致每位陪伴和守护儿童青少年成长的你、我、他（她）

儿童青少年时期是个体生理、情感和认知快速发展的关键时期，这个群体更容易受到各种各样的心理困扰、心理问题乃至精神障碍的侵袭。经济合作与发展组织（OECD）指出，心理健康问题已成为年轻人中最普遍的疾病和负担之一，在经合组织的10个成员国家调查显示，大约有1/4的年轻人正在承受着不同程度的心理或精神类疾病的侵蚀。

家庭是最基本的社会单元，是人类生活中最重要、最普遍的社会基础。随着社会的变迁，家庭结构的不断变化，家庭教育的重要性日益突出。面对孩子出现的种种行为、情绪等问题，越来越多的家长时常感到困惑与迷茫。研究显示，0～12岁是儿童建立安全型依恋人格的关键时期，对其日后人格特征的形成有重要影响。面对如何科学育儿的问题，越来越多的家长渴望学习科学的育儿知识、经验与方法。

在孩子的成长过程中，家庭是孩子生活的第一个环境，父母是孩子的第一任老师，在孩子身心发展的各个阶段扮演着重要

共筑孩子心理成长的内心花园

的角色。无论是培养一个快乐、独立、自信、勇于担当的孩子,拥有一个"别人的孩子",还是让孩子"只要是他/她自己就好",家长们都需要不断学习和提升,与孩子建立一个爱的"链接"。

从进入幼儿园开始,学校是儿童青少年成长的重要场所,也是影响其个体心理健康的重要因素。多项研究都提示,学校对儿童青少年心理健康的影响是最多,也是最大的,教师等教育工作者对儿童青少年心理健康具有重要且潜移默化的作用。

本书的主题是"了知发展、用爱教养","没有一个人的成长会是一座孤岛",孩子的成长离不开父母等主要养育者、教师以及社会其他人士的关心和呵护。从某种角度来看,父母也是一种职业,需要与教师一起携手陪伴和指导孩子的学习与成长。

本书由华东师范大学、上海师范大学及上海市区两级精神卫生专业机构、疾控机构等从事儿少心理发展研究和疾病防控的专业人士以及守护在儿童青少年心理健康一线的教师、心理咨询师和社会工作者共同撰写而成,期待从专业视角对儿少心理发展、家庭和学校教育的要点进行浅析,通过一个个儿少心理健康服务的案例,增进广大父母及主要养育者和教育工作者、心理工作者对儿少心理健康发展的了解和感知,更好地守护和陪伴儿童青少年一路成长。

儿童青少年成长的漫漫道路,并非总是晴空万里和暖阳和煦,只要我们始终用心陪伴、以爱浇灌,也许暂时看不到"开花和结果",但我们的爱都会在孩子们的心里深深地扎根。从此,哪怕遇到风吹雨打,孩子们也不会那么孤单和无助,不再那么彷徨和无措!或许,也更有可能怀揣勇气,无畏困难,探索前行。衷心祝愿所有的孩子们都能在寻寻觅觅的探索过程中找寻到自己人生的目标和价值,过上"自己愿意且值得的人生"!!

何等有幸"与心相伴",无限希冀"遇见未来"!!!

郑　宏

2024 年 6 月

第 1 篇

了知发展

儿童青少年正常心理发展概述

心身一体，一路向前

——浅谈儿童青少年心理发展的历程

"发展是永恒不变的"，儿童青少年心理发展同样如此！从婴儿呱呱坠地开始，伴随着身体的成长，人类的心理也在同步发展着，诸如认知、智力、情感、人格、道德等各个方面，都遵循其固有的规律在持续"前进"中，如同百舸争流、万川入海，不停不歇地奔腾着……

刚刚与这个世界接触不久的孩子们，怀着无比的纯真和纯粹的心情，触感着"世界"的种种变化：因果性认知、问题解决和信息加工等经历的获得促进了他（她）们认知的发展；感知、想象和思维等构成了智力因素，与此同时，动机、兴趣、性格和气质等非智力因素也同样影响着他（她）们的智力发展；在复杂的符号系统里，他（她）们经由模仿、习得和社会互动，交流、沟通和理解的语言得以发展；他（她）触及生理、行为和主观体验三个维度，以及情绪表达、理解和调节的三种能力，让他（她）们逐次体味了微笑、害怕、厌恶等基本情绪和自豪、嫉妒、羞耻等自我意识情绪；从"知"我（自我概念、自我评价）到"情"我（自我体验、自尊发展）乃至于"意"我（自我控制、自我监督），推动着他（她）们人格的发展；分享、合作以及助人等让他（她）们表现出利他的亲社会行为，促进了他（她）们的道德行为的发展。

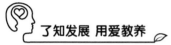

共筑孩子心理成长的内心花园

综上种种,当孩子们经历着非同一般的心理发展阶段的时候,我们通过研究,不难发现,还有不少"外在的力量"能够或强或弱、或持续或间断地影响到这条"心理川流"的奔腾速度和走向。这些外在的力量就构成了儿童青少年心理发展的"外在系统"。

在这其中,家庭是孩子们心理成长的最重要的载体之一。从孩子出生开始,父母或是其他养育人就想要通过种种渠道或请教专业人士,来更好地了解、关注和支持他(她)们发展,欣喜快乐、陶醉满足、唯恐错失、担忧思虑的情绪,都会随之产生,家长们总是想更好、更多地去做些什么,但结果总不如我们所愿。

而当孩子们慢慢长大,学校又成为了他(她)们成长中另一个重要的场所,在那里有老师、有同学、有好友,或许也有挑战和困难,但社会性的发展就是需要每个孩子亲自去"度过"的。在同一性的实现、混乱、延迟和拒斥过程中,孩子们会逐步构建起稳定的自我认知。

因此,正如哲学家莱布尼茨所说的"世界上没有两片完全相同的树叶"的那样,在共性之上,每个孩子又有其独特性。儿童青少年心理发展固然会受到种种遗传因素的影响,但那却绝非"所有",面对"变化",逐步观察、了知、接纳、顺应、发展,一切或许都是"刚刚好"。

(郑　宏)

郑　宏　华东师范大学附属精神卫生中心（上海市长宁区精神卫生中心）精神科主任医师、公共精神卫生教研室主任，华东师范大学兼职教授，担任长三角儿童青少年心理健康促进联盟常务秘书长等。具有丰富的儿童青少年精神病学、心理治疗、精神康复等学科的临床综合服务、实践教学指导和心理健康科普项目设计与执行的经验。

关心他人是一种美德

——浅析儿童"共情"能力

窗外阳光明媚,然而文轩却一个人趴在课桌上。

这时,琪琪拿着乒乓球拍,蹦蹦跳跳地从教室外进来。看到文轩闷闷不乐的样子,琪琪立刻收住了笑脸,坐到他边上,关切地询问。文轩懒懒地看了琪琪一眼,然后把头扭向另一边,并不打算解释什么。

此时,浩然也走进了教室。原本他并没有发现文轩的异常,听到了琪琪询问,他才注意到情况。于是脱口便冲着他俩说:"文轩啊,你今天这几个球也打得太臭了,老打出界,我都光给你捡球了。"文轩听到这话,更加难受了,然而他没有辩解什么,只是把头埋进了书本。

琪琪似乎明白了其中的原委。一定是刚刚体育课上,文轩乒乓球打得不太好,受到了数落。于是,她看了一眼浩然,用略显焦急的语气说,"哎呀,浩然你提醒到我了,今天的乒乓球课,我还一直没学会发球技巧呢,好着急啊!"然后,转头问道,"文轩,你放学后有空吗?可不可以陪我再练练球?"

听到这话,文轩终于抬起头来,开心地望向琪琪,点了点头。

浩然看到同学难过时,习惯性不以为然地进行打击,这似乎是从家庭教育中习得的。因为每次浩然回家被发现衣服上有撕扯痕迹,或是脸上挂着泪痕,总免不了要接受父母一顿训斥。"你怎么又把衣服弄脏了？""今天又和哪个同学打架了？""为什么总不学好呢!"浩然的父母总是不问青红皂白地进行指责,而不是首先关心孩子的状况,更不会耐心询问到底发生了什么。

相反,琪琪的父母就温暖而又细致多了。不管是一通愤怒的抱怨,还是一个轻蔑的表情,抑或是一个羞愧的眼神,琪琪妈总能快速识别出来,然后认真望着琪琪,关切地询问她的内心想法。如果是出于优越感而对身边的小朋友产生轻蔑想法,琪琪爸会告诉她那个受到轻蔑的孩子会如何难过。如果是因为没有学会乒乓球发球技巧而羞愧,那么琪琪爸一定会耐心陪她练习。

面对文轩的悲伤处境,琪琪和浩然有着不同的应对模式。琪琪特别能够理解他人的感受,并且试图提供帮助；而浩然则不以为然,一点也不关注他人的感受。琪琪和浩然的这种应对模式的差异,我们可以用"共情"这个概念来描述。共情是指能够设身处地理解他人的处境,并对他人感同身受。例如,邻居小冬滑滑板摔倒了,磕破了膝盖,你会跟着一起难受吗？除了悲伤等负性情境,共情也包括对正性情境的感同身受。例如,小伙伴邀请你一起拆开他的生日礼物,你能明白他想要分享的喜悦心情吗？

共情既是一种能力,也是一种特质。研究者可以通过一些量表对共情特质进行测量。常见的量表包括《基本共情量表》《人际反应指针量表》《认知与情感共情量表》等。其中,《人际反应指针量表》把共情进一步细分成了4个子维度,分别是想象、观点采择、共情关心和个人痛苦。例如,关于想象维度的表现是,"在看一部好电影时,我很容易将自己融入主要人物角色中。"

共情能够促进合作与帮助等亲社会行为,是支撑个体社会性

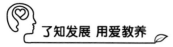

共筑孩子心理成长的内心花园

发展的关键能力。一个共情能力强的人，在人际关系中更受欢迎，在职场中有更优秀的表现。共情也是心理咨询师、教师、管理者等人群的优秀品质。另一方面，共情发展异常可能与某些心理问题或精神疾病相关。例如，研究发现自闭症儿童表现出共情水平低下。共情缺失是儿童青少年情感淡漠类心理行为问题的关键因素。因此，在儿童青少年社会与情感能力的培养中，共情能力很关键。

那么，如何提高共情能力呢？有一些个体天然地比另一些个体更敏感，他们的情绪感染能力很强。不过，后天的训练可以通过提高观点采择能力，即通过推断从而理解他人处境与情绪反应的能力，来提升共情水平。同时，可以提高共情关注的意愿，即常常要意识到"关心他人是一种美德"。

从琪琪和浩然的例子中，我们发现家庭教育在儿童共情发展中有重要作用。家长可以有意识地训练儿童的共情能力。我们给家长如下建议：

（1）对孩子充满同理心，让孩子认识到被共情是一件开心的事，建立共情意识。

（2）多给孩子讲故事，并分析人物的不同心理，让孩子明白每个人想法不同。

（3）鼓励孩子在社会交往产生冲突时，剖析不同人的立场，能够照顾不同人的感受。

（汪晨波）

汪晨波 华东师范大学心理学副教授、博士生导师。兼任上海财经大学、西湖大学授课教师。为中国认知科学学会社会认知分会理事、上海市社会心理学学会理事，以及《心理科学》期刊编委、《科学画报》等科普杂志特约作者。先后在国际知名期刊发表论文20余篇。

循"情"发展,用"心"守护

——儿童青少年情绪发展

一、"波涛起伏"的情绪正常发展

情绪发展是遵循一定规律的,现在请您闭上双眼,想象一下,我们正置身于大海之中,而情绪正如波浪一般,呈现出急、缓、起、伏等不同的状况。

正如世界上没有相同的两朵浪花,对于处于不同年龄阶段的人类来说,大海中"情绪的波浪"也是各不相同、各具特点的:如果把儿童青少年时期的情绪变化看作是"惊涛骇浪"——起伏变化很大,但来得快去得也快;那么进入到老年期,情绪变化似乎就变成了"浅水微澜"——起伏变化较小,来得慢但去得也慢。但不管处于哪一个阶段,只要不影响正常的生活,都不用太担心,因为一切会随时间的推移而变得好起来。

不过,当孩子的情绪出现持续的焦虑不安、兴奋冲动、抑郁低落,并已经影响正常的学习、生活甚至身体健康时,家长就要重视起来。

二、"难舍难分"的婴幼儿期分离焦虑

焦虑是指由未来未知的挑战和可能的压力事件所带来的不良负性情绪体验。从人类进化角度来看,焦虑情绪的存在有着重要

的意义。为了生存,人类会为没有足够的食物而担忧、会为庇护所是否足够安全等各种生存安全要素而担忧。这种担忧的情绪会一代又一代遗传下来,我们甚至可以在年龄很小的婴儿身上看到分离焦虑的现象(婴儿与照料者分开后产生的哭闹等情绪反应)。因为婴幼儿有一种非常重要的感知能力(客体永久性)尚未发育成熟,婴幼儿无法理解视线中消失的照料者只是短暂离开,而非永久消失。由于他们对于这种变化无法理解,便容易形成焦虑情绪。

对此,家长可能会问,如果自己的孩子经常因为和父母分开而哭闹得厉害,该怎么办呢?

事实上,我们要分两种情况来看。

第一种,家长能够给孩子的需求提供必要的满足,即有足够的陪伴,建立健康的依恋关系。如果是这样的话,就不用太担心,因为孩子的分离焦虑情绪会随着他们客体永久性的感知能力的逐渐发展而慢慢缓解直至消失。

第二种,如果父母不能及时满足孩子必要的需求,无法经常陪伴孩子左右,使孩子形成了矛盾型的依恋模式,就需要注意并调整教养模式了。因为在矛盾型依恋模式中,孩子由于无法预期父母什么时候会满足他们的需求,便会表现出过度的黏人,不愿意和父母分离,一旦父母强行离开,孩子便会极大不满,表现出抗拒和生气的情绪。在这种情况下,孩子的主要照料者就需要特别注意:因为儿童长期的焦虑情绪会影响他们正常的社会情绪发展,更容易在成年后出现嫉妒、自负、焦躁情绪,同时,分离所带来的应激压力会使孩子体内分泌一种叫做皮质醇的激素,如果它的浓度持续处于一个较高水平,可能会抑制孩子的免疫系统以及前额叶神经

环路的发育,长此以往可以使他们的注意力无法集中,记忆力下降,同时也较为容易生病。

因此,家庭教养方式以及依恋关系的良性形成,是降低延缓孩子焦虑的最佳途径。

三、"阴晴不定"的儿童期情绪冲动

情绪冲动、易发脾气是在幼儿园和小学低年级段的孩子身上非常容易看到的现象。通常这些情绪大多和孩子的需求没有被即时满足相关。例如,孩子想要在起床后吃冰激凌,但是父母怕太凉影响孩子肠胃而拒绝,于是孩子可能会发脾气,大声喊叫,甚至出现攻击行为。这个现象在大多数孩子身上都会出现,只是程度强和弱而已,确实成为很多家长所头疼的事情。

对此,首先,我们可以从这一正常情绪现象产生的原因上去加以理解和从大脑发育的规律上去重新审视。

相关科学研究显示,人类大脑大概占人的体重的 2%,却消耗了人体至少 20% 的能量。大脑大致可以分成 4 个部分:额叶、顶叶、颞叶和枕叶,其中额叶负责人类的各类认知、语言、监督调控等能力。

与大脑其他部分相比,额叶是非常庞大的,其中有一个和情绪有关的重要区域称为背外侧前额叶——大致位于人的太阳穴上方的位置。这个强大的脑组织负责控制和调节人类情绪,且从婴儿期开始一直持续到青少年时期,它对人体情绪调控的影响是一个非常漫长的过程。而我们所关注的儿童时期正处于背外侧前额叶发育的中早期阶段,因为尚未具备调控和控制情绪的生理基础和能力,所以孩子们的情绪始终会处于不稳定状态,遇到一些挫折或者欲求不满的时候极易发脾气也就不难理解了。因此,如果能了解孩子的发展特征,我们就会知道其实儿童的情绪冲动和爱发脾气并不是某些特殊孩子的专利,而是对于每个孩子来说,都需要经历的更具普遍性和常态化的状况。

有了上述前提,我们就可以去探讨如何去应对孩子的情绪冲动和易发脾气。美国心理学家约翰·戈特曼(John Gottman)提出了"情绪辅导五步法则"来应对孩子的过度情绪反应,主要包括:

(1) 识别孩子情绪;

(2) 认识到这是一个机会;

(3) 帮助孩子表达情绪;

(4) 表达同理心并重建关系;

(5) 界定问题,邀请孩子共同商讨并提出解决方案。

主要步骤如下:

第一步,家长需要认识和识别孩子的情绪是什么,也需要思考为何此刻会出现这种情绪。例如,父母准备带孩子去一家火锅店就餐,这家餐厅是孩子的最爱,然而到达时发现排队的人非常多,还没等走到店门口,孩子便开始噘嘴,"呜呜"地准备哭闹。父母此时很快意识到孩子的情绪产生了变化,刚刚还有说有笑的,突然不说话并开始噘嘴,可能是因为孩子意识到不能去这个火锅店吃饭了。

第二步,家长需要马上认知到,这可能是一个很好的和孩子沟通并形成良好亲子互动关系的机会。

第三步,按照孩子不同年龄阶段特点或语言表达能力,家长可以进行适时的分析和引导。

比如上述这个例子,发现孩子的异样后,家长蹲下身,对孩子说:"我发现你似乎不是太开心,能告诉我为什么吗?"孩子如果说不知道,那么家长可以尝试说:"不开心可能有几个原因,我能猜一猜吗?"孩子说:"好吧"。家长接着说:"我猜是你看到排队的人很多,我们可能因为等太久而吃不到火锅了,对吗?"孩子说,"你怎么知道的?"家长就此确认孩子情绪变化的原因。

第四步,家长可以顺势表达出对于孩子情绪的同理心,"我们也很想去这家店吃饭,这家店的牛肉丸子真的好好吃",如果孩子的情绪开始缓和,表示已经与他们建立基本的信任,可以继续执行下一步。

第五步,家长可以与孩子一起界定问题,亲子双方平等地共同商讨并提出解决方案。

所谓界定问题,是把孩子的问题以及父母的顾虑分别进行阐述。上面这个例子,家长说:"我知道你很想去这家火锅店吃饭,不过你看现在排队的人好多,我们不想等那么久,同时有点担心你的肚子会饿着。"孩子说:"是啊,我饿了,我就想现在就吃。"此时家长可以尝试邀请孩子一起来想办法解决问题,接着说:"我们也想现在就能吃到,不过人太多估计要等好久呢!我们一起想个办法怎么样可以不饿肚子,同时也不用排队就能吃到这个美味的火锅呢?"孩子想了想说:"叫他们的外卖吧。"家长:"这真是一个好主意,我们明天叫他们的外卖,这样既不用排队,又肯定能吃到,今天我们暂时先填饱肚子,大家都饿了,你觉得如何?"孩子说:"好吧。"至此问题解决,避免孩子出现更极端的情绪冲动反应。

"情绪辅导五步法则"被认为是一种比较有效的良性沟通方

式,能有效地减轻或延缓儿童的情绪不稳和冲动。

四、"难以言喻"的青少年期抑郁心境

抑郁情绪,可能是我们听到最多的一种不良情感心境状态,它包含情绪低落、悲伤易哭泣、容易激惹、睡眠质量降低、容易自责内疚、饮食减少、快感缺失甚至有自杀意念和尝试实施自杀。通常,抑郁情绪和症状在儿童时期(小学阶段)非常少见。当孩子(尤其是女孩子)进入到青春期,抑郁症状就开始悄无声息地在这群孩子身上蔓延开来。

可是,为什么会这样呢?

其一,我们需要关注的是生理因素。

青少年期身体内的激素水平(例如促黄体生成素与促卵泡激素)产生了剧烈变化,而这种激素水平的变化极易影响人的情绪状态,引发抑郁心境。

女性在哪些时期容易出现抑郁症呢?

答案是青春期、围产期以及更年期。

是的,这三个时期有一个共同的特点,都伴随激素水平的剧烈改变。因此,我们可以知道抑郁症状的出现与体内的激素改变有着密切的关联。

其二,亲子沟通、父母教养方式和同伴关系。

这些是非常关键的环境因素,也是造成青少年抑郁症的必要条件之一。在我们遇到的很多青少年抑郁症的案例中,似乎很大比例的家庭中都有一个看似"非常强势"的妈妈和一个看似"非常弱势"的爸爸。

我们曾经邀请过一个青少年抑郁症家庭来到我们的实验室,

他们需要就家庭生活中的矛盾事件进行讨论和寻求问题解决的办法。这次对话似乎成了母亲一个人的"脱口秀",孩子大多数时间只顾低着头玩自己的指甲,听到不想听的时候干脆把卫衣上的帽子戴起来,将自己裹得更严实。整个过程父亲几乎就没有说过几句话,偶尔表达几句对孩子理解的友善的话语,但很快就被母亲打断。

从这个家庭的互动中,我们可以看到的是,家庭很大概率上缺少有效和平等的亲子沟通,取而代之的是专制型的教养方式,这会将已经"无助"和"无力"的青少年越推越远。而得不到社会支持的孩子,尤其是女孩,是非常容易罹患抑郁症的。

基于此,我们可以大胆地推断,亲子沟通和家庭关系在青少年抑郁症的干预治疗中很可能会成为药物以外一个重要的突破口,家庭治疗很可能是一个能从根本上帮助到患青少年抑郁症孩子的方法。基于依恋的家庭疗法是一种以家庭为对象实施的团体心理治疗模式,它将焦点放在家庭成员的互动与关系上,主要任务在于关系重建——建立青少年与父母的情感联结、解决依恋问题以及建立胜任力。目前这个治疗方法已经被很多实证研究和临床实践证实有效,是当下青少年抑郁症治疗最佳的辅助治疗手段之一。

(严　超)

■ 第一篇　了知发展——儿童青少年正常心理发展概述

严　超　华东师范大学心理与认知科学学院教授、博士生导师,健康与临床心理系主任。研究方向是情绪发展与障碍,在该领域发表学术论文60余篇。

相信成长的力量

——成长型思维对儿童青少年的影响

多年来,人们都或多或少持有这样一种观念,那就是"每个人都有自己的天赋所在",在学习中遇到挫折,就会认为"我不是学这块的料"。甚至我们自己都接受了我们可能永远没办法取得别人可以获得的成就。但是这是真的吗?还是我们被自己的想法束缚住了?美国心理学家卡罗尔·德韦克(Carol S. Dweck)用20年的时间向人们证明了这种想法的局限性,她将这种保守的观念称为固定型思维(fixed mindset)。德韦克教授还发现了隐藏在我们心中、促使我们成长的力量,这种力量叫作"成长型思维"。

成长型思维(growth mindset)指的是相信人的基本能力可以通过努力或者使用策略来培养。与之相反的固定型思维,顾名思义指的是相信人的才能是固定的,不会改变。这两种思维方式对人们意味着什么呢?德韦克教授的研究证实了"人们所采取的观点会对自己的生活方式产生深远影响。它可以决定你能否成为你想成为的那个人,以及你能否做好你最看重的事情"。也就是说,持有成长型思维还是固定型思维,将决定你是一个生活的创造者还是承受者。

小时候是建立思维模式的重要时期,因此目前大部分研究都着眼于孩子身上。不同的思维模式让孩子树立起不同的学习目标。抱有固定型思维的孩子，更倾向于为了考高分、为了证明我是聪明的而去学习；而抱有成长型思维的孩子，则将学习看作提高自己能力的机会。面对挫折，抱有固定型思维的孩子更容易表现出无能感，他们认为自己的能力不够去克服它；而抱有成长型思维的孩子则将挫折看作是学习的机会，对困难抱有积极的态度。当然，这两种思维模式也会影响孩子对待努力的态度，抱有成长型思维的孩子对努力持有积极的态度，而抱有固定型思维的孩子很可能并不认为努力能够提升自己的能力，反而认为自己越努力，越会证明自己是愚蠢的。孩子的思维模式，跟他们的学习目标、对挫折的看法以及对努力的态度，相互作用，对孩子的学习生活产生深远的影响。

幸运的是成长型思维不是天生的，而是可以培养的。但这不是一方的力量可以达成的，需要家长、教师和学校共同努力。研究者在如何培养孩子的成长型思维上倾注了大量心血。目前比较公认的是，除了直接向孩子们介绍成长型思维的概念之外，家长和老师们还可以通过对孩子们的行为产生积极正向的反馈来培养他们的成长型思维，因为家长和老师对孩子成功或者失败的回应会深刻地影响孩子的思维模式。

一、表扬的力量

正在阅读这篇文章的爸爸妈妈们，可以回忆一下当孩子拿着高分的试卷回到家里时，你们通常会怎么表扬他们呢？

穆勒和德韦克这两位的教育学家发现家长的表扬里蕴含着巨大的力量。在他们的研究中，一部分孩子会听到大人表扬"你真聪明"或者"你简直就是一个数学天才"之类表扬聪明的话语。这样

的话语让孩子想要留住这样的表扬,所以他们会做符合他人期待的事情,以保持聪明的形象。这导致了在后续的实验中,他们害怕表现得不够好会打破了聪明的形象,而不愿去接受挑战,设定的目标难度也会偏低。但一只雏鸟如果一直在生活在巢里,又怎能丰满羽翼呢?

另一些孩子听到的表扬是"我喜欢你用不同的方法来解决这个问题"或者"你一定在这些问题上花了很多工夫"。这类表扬,没有把重点放在"聪明"这个特点上,而是赞扬了孩子做事的方法和努力。这些孩子在后面大多数选择了难度较大的任务,并且愿意尝试各种方法去解题。

这提示如果家长换一种表扬方式,可能会带来不一样的效果。表扬聪明的问题在于它向孩子传达了他们取得成功的根本原因是他们与生俱来的固有能力。如果孩子总想确认自己是聪明的,他们会变得害怕失败和挑战。相反,表扬孩子的学习过程,认可的是努力、学习方法等,它向孩子传达了"付出这样的努力才能带来成功"的信息。孩子接收到这样的信息之后,不会过多地想要证明自己是聪明的,而是更多地关注自己的努力和做事的方法。这样,即使面对挑战,也会觉得只要努力和找到好办法,总能取得进步。所以,无论是家长还是老师,都可以尝试着改变一下自己的口头表达,将表扬聪明改为表扬过程,并且对过程的表扬,越具体越有效。例如,把"你真棒!""干得漂亮!"改为"你在这份作业中投入了巨大的努力""这篇作文写得非常翔实具体,很不错"。孩子在这个过程中能够学会对过程进行深刻反思,逐渐建立起成长型思维。

二、有价值的失败

由于思维模式是一个比较抽象的概念,父母的成长型思维并不容易直接传达给孩子。但孩子能够在跟父母的日常相处中,从父母对孩子失败的态度和反应里,获得某种思维模式,这是德韦克教授团队近年来的另一个重要发现。简单而言,人们对失败会持有两种观点,一是认为失败是证明我不行的标志,另一种认为失败是学习的机会。当父母持有第一种观点时,面对孩子的失败,他们会更焦虑,脑海里不停地冒出问号"是不是我的孩子不适合学这个?"然而当父母持有第二种观点时,他们的注意力会更多地集中在孩子学习的过程上"是学习方法错了还是努力的程度不够?"不同的失败观导致了父母面对孩子失败时会出现不同的反应。对失败持有积极态度的父母更可能培养出具有成长型思维的孩子。因为父母会和孩子一起分析学习的过程,并向孩子传达积极乐观的态度。这些做法会让孩子们相信他们可以把失败当成学习的机会,正是失败告诉他们可以在哪些地方继续调整策略、加强努力,从而实现能力的增长。因此,我们鼓励对孩子的失败感到焦虑的家长转变自己对失败的观念,相信我们一定可以从失败中获得宝贵的经验,这样的想法会不自觉地流向孩子,并对孩子的思维模式带来影响。

三、营造成长型思维的班级氛围

学校环境对于建立孩子的成长型思维同样重要。以上讲到的方法除了家长可以使用之外,教师也能运用到课堂上。此外,还有一些方法可以为老师们提供思路。例如,和学生们讨论在学习过

程中的挣扎、努力以及可能会有的消极情绪,承认这些部分让人沮丧,但是它们同样也是有用的学习过程,跟学生一起思考为什么会出现这些现象,以及这些过程有什么好处。学生们需要理解只有体验过学习的酸甜苦辣,并从失败中站起来,才能不再害怕失败。还可以重新定义挫折,将挫折看作机会,提示着学生还有"尚未达到的能力",教师和学生有机会进一步理解如何去教授和学习。教师可以更深刻地了解学生如何思考问题,可能会遇到哪些错误。学生则会意识到,在发展自己能力的过程中,陷入困境是必然会发生的。最后,当学生碰到他们无法解决的问题时,老师要能及时介入并引导学生走出来。但是老师不要代替学生解决问题,学生只有学会自己解决问题,才能从中获益。

最后我们想向大家说明的是,成长型思维和固定型思维的对比不是让先天与后天成为对立的概念,事实上这两个概念是相辅相成、相互影响的。就像德韦克教授本人在《终身成长》这本书中所说:"每个人都有自己独一无二的、先天遗传的才能。可能在最开始的时候,人们会展现出不一样的气质和才能,但是个人经历、能力培训以及个人努力会对之后的人生产生影响。"换句话说,个人的某些专长极大可能以先天的能力为基础,但不是由先天的能力决定的,而是后天通过有目的的锻炼获得的。所以,对于家长和老师来说,相信孩子有发展的潜力,并引导孩子关注自己持续努力、不断反思的进步过程,才能将成长型思维种进孩子的心里,而这种思维模式能让孩子终身获益。

(李舒婷　陈　曦)

李舒婷 重庆妹子。本科求学于西南大学,研究生就读于华东师范大学应用心理学专业。感兴趣的研究领域是儿童青少学的学业发展和拒绝上学现象,现为一枚新手心理咨询师,擅长以动力学方式进行工作。

指导教师:陈 曦 华东师范大学心理与认知科学学院,副教授,本科毕业于北京大学心理学专业,先后获得宾夕法尼亚大学跨学科人类发展研究硕士和伊利诺伊大学厄巴纳香槟分校的应用统计学硕士与人类发展与家庭研究博士学位。主持国家自然科学基金青年项目、上海市自然科学基金面上项目、上海市扬帆计划各1项。

传染病与心理健康

一、从传染病到心理疾病

传染病是由特定的病原体引起的一类感染性疾病,由于各类传染病的传播动力学特点及可能有进一步传染的风险,传染病在人群中可能会引发严重的心理健康问题。可以说,心理问题是传染病继发的一类健康问题。

常见的心理健康问题以焦虑、抑郁为主,既可能发生在患者本人身上,也可能发生在患者家属、密切接触者身上,在一些特定时期,还可能在广泛的人群中形成负面情绪。

常见的负面情绪具体表现:担心疾病的发作、恶化,担心被传染,担心作为传染病患者的身份被曝光,担心传染病对日常生活带来影响,等等。

二、容易导致心理健康问题的传染病类型

从传染病的病程来看,疾病有急性、慢性之分;从传播途径来看,呼吸道、水和食物、血液、性行为等都可能传播;从严重程度来看,有轻症、重症的区别。因此,不同的传染病可能带来不同的心理健康问题。

一是可能引发严重后果的传染病。部分传染病可能引发严重的临床后果,一旦感染可导致住院、残疾甚至死亡。此类型传染病

以狂犬病等为代表。狂犬病的潜伏期相对较长,而且目前在发病前,还不能直接检测被咬伤者体内是否存在狂犬病病毒。因此,"恐狂症"是在犬咬伤人群中常见的一种焦虑情绪,部分人甚至惶惶不可终日,总是担心某一天狂犬病会突然发作,造成严重的睡眠障碍及焦虑情绪。

二是可能引起慢性感染的传染病。部分传染病可能引起慢性感染,目前的医疗手段无法完全治愈,需要带"毒"生存。这种类型传染病以乙型肝炎、艾滋病等为代表。对于儿童青少年来说,此类传染病带来的影响可能是终身的。例如慢性乙型肝炎,由于患者对传播途径的了解不全面,担心在日常生活中造成传播,担心在升学就业中遇到各种限制,从而造成不同程度的抑郁等负面情绪。

三是可能与特定行为相关的传染病。部分传染病的传播途径与特定行为有关,如男男同性恋等,感染之后可能被打上"标签"。这种类型传染病以艾滋病、猴痘等为代表。对于患者来说,相对于被诊断传染病,由于被打上"标签"而导致的"社死"会给其心理带来更大的负担。

四是传染病流行期间造成的人群心理问题。历史上不同时期的各种传染病大流行期间,都不同程度地在人群中形成大面积的恐慌,诸如黑死病(鼠疫)、霍乱、流感、非典等。在这种特定时期,儿童青少年可能在人生中第一次面临近在身边的疾病、死亡等严重事件的挑战,造成创伤后应激障碍(PTSD)的也不在少数。

三、化解传染病继发心理疾病的方法

解铃还须系铃人,要化解这类心理问题,根源是要对传染病有

正确的认知,采取科学的防治措施。

第一,普及传染病的基础知识。了解传染病传播途径、症状和预防方法是科学认识传染病的基础。

关于上述提及的传染病,都存在有多种广泛流行的谣言和误解,因此及时向儿童青少年普及正确的知识,是解开其心结的关键。例如乙肝病毒在共餐、正常社交等日常生活中不会造成传播;狂犬病病毒不能通过完整的皮肤进入人体,狂犬病潜伏期超过1年以上的案例极其少见;携带乙肝病毒、艾滋病病毒的孕妇可以通过药物进行母婴传播的阻断;即使出现艾滋病高风险暴露,早期服用阻断药物也可以有效阻断,等等。

科学正确的知识如果在第一时间能够普及到位的话,可以针对性地进行辟谣,消除许多恐慌、焦虑情绪。

第二,培养正确的卫生习惯。良好的卫生习惯可以有效地减少传染病的传播。传染源、传播途径、易感人群是传染病防控的三个关键点。

感染了某种传染病之后,患者本人配合进行必要的隔离治疗,避免进一步扩散传播;阻断传播途径,如勤洗手、勤通风、吃熟食、戴口罩、避免高风险性行为等都可以降低传染病的传播风险;疫苗接种,如注射狂犬病疫苗、乙肝疫苗等是预防传染病的最有针对性的措施之一。

做自己健康的第一负责人,这个理念让儿童青少年从小树立,从小养成,可以终身获益。

第三,采取科学的诊疗、阻断措施。

目前常见的传染病都有了对应的治疗、阻断方法,即使不能完全清除病毒,也可以通过抗病毒药物的使用,达到阻断传播、抑制病毒复制的作用。

例如,乙肝病毒、艾滋病毒等可以通过疫苗、抗病毒药物、免疫球蛋白等组合使用,达到阻断传播的作用。

规范诊疗、阻断,可以让已经感染了传染病的患者将疾病恶化风险降到最低,让传染病变成一种与高血压、糖尿病等疾病类似的"慢性病",实现长期带毒、正常生活的"无感"共存。

第四,及时寻求专业心理帮助。

如果儿童或青少年对传染病感到焦虑或恐惧,可以寻求家长、老师或医生的帮助。专业人士可以提供正确的信息和支持,帮助他们理解和应对这些情绪。对于一些有严重的焦虑、抑郁障碍的儿童或青少年,可以进行必要的抗焦虑、抗抑郁的治疗。

四、结语

追根溯源,正本清源。

传染病引发的继发性心理问题是一个普遍存在的现象,由于传染病发生的不可确定性,这种心理问题也存在不可确定性。在不同的人生发展阶段,也可能面临不同传染病威胁。因此,通过科学认识传染病,儿童与青少年可以更好地保护自己的健康,并避免陷入不必要的焦虑和抑郁情绪。家长、老师以及社会各界应该共同努力,为他们提供正确的知识和支持,帮助他们更好应对未来的各种挑战。

(庄建林)

共筑孩子心理成长的内心花园

庄建林 上海市长宁区疾病预防控制中心副主任,公共卫生主任医师,复旦大学流行病学与卫生统计学博士。主要从事急性传染病防控和健康科普工作。为中国及上海市科普作家协会会员、上海市中西医结合学会医学科普专业委员会医学传播学组组员、上海市医院协会医院传染病管理专委会委员、达医晓护"传染病与疫苗"栏目主编。

第 2 篇

守护成长

儿童青少年家庭教养
和学校教育的要点

温润世界,涵容发展

——害羞儿童的教养策略

害羞是指个体在社交场合中会表现出退缩回避的行为,以及内心出现紧张尴尬、局促不安等感觉的一种气质。以往研究发现,在西方国家和中国,害羞儿童都占有一定的比例,均为16%左右。由于害羞儿童在社交场合中常有"放不开"的表现,他们很容易被同伴们误会成是冷漠和不友好的个体,从而受到排斥甚至欺负,进而产生更多的心理问题。以往大量关于害羞儿童的研究结果也表明,相比于其他儿童,害羞水平较高的儿童往往更容易出现各种适应问题,包括心理适应问题(如抑郁、焦虑、低自尊等)、社会适应问题(如缺乏社交技能、同伴关系不良、受欺负等)以及学校适应问题(如学业成绩差、不愿参加学校活动等)。考虑到害羞儿童在学校里的普遍存在,以及他们可能会出现的各种适应问题,对这类群体给予特定的心理关怀,并找到能够起作用的保护因素,是非常重要且有意义的。

父母的教养方式对孩子的成长和发展起着至关重要的作用。教养方式是指父母对孩子所实施的养育行为的特定模式,以往研究者通常根据要求(父母是否会为孩子制定适当的行为标准,并要求孩子去达到)和回应(父母对于孩子的需求是否敏感,以及是否会对孩子的合理需求给予回应)这两个维度,把父母的教养方式划

分成 4 种类型：民主型、专制型、溺爱型和忽视型。其中，民主型教养被认为是最有利于儿童成长和发展的教养方式，其具有高要求、高回应的特点，父母愿意与孩子交流，并鼓励孩子表达自己的观点，也能够及时关心孩子，对他们的需求做出回应。在这种教养方式下成长的孩子，往往有着最好的适应状况，如拥有出色的社交能力和认知能力等。在专制型教养方式下成长的孩子，由于父母常常采取体罚等惩罚措施，以及很少关心孩子的需求，他们更容易出现消极的情绪问题，如焦虑，以及表现出更多的退缩和抑制的行为。在溺爱型教养方式下成长的孩子，由于受到父母的过分宠爱，他们从小就比其他孩子要霸道，有着更不成熟的自我控制能力，以及更加缺少做事情的恒心和毅力。忽视型教养方式则被认为是教养方式里最消极的一种，在这种教养方式下成长的孩子，由于父母对他们一直都不闻不问，他们不仅和家里人关系疏远，和其他孩子也都很难相处，长大后最有可能出现犯罪等反社会行为。

四种家庭教养方式

父母所采取的教养方式对于儿童的害羞及其适应问题起着重要的影响。关于儿童害羞和父母教养方式二者的关系，以往研究

有着以下这些发现:

(1) 尽管害羞这一特质有着先天的生物学基础,在一定程度上来源于遗传,但积极的教养方式,例如向孩子表达温暖的情感,以及表扬和鼓励他们等,有助于降低儿童的害羞水平,减少他们退缩行为的发生;反之,如果父母向孩子表现出消极的教养方式,例如严厉惩罚、过度控制、过度保护等,则有可能会使儿童的害羞程度加剧上升,在与同伴相处时表现出更多退缩和抑制的反应。

(2) 儿童的害羞也可能导致父母出现消极的教养方式,当父母发现自己的孩子害羞时,更有可能对他们做出漠不关心、体罚、辱骂、过度保护等行为。

(3) 积极的教养方式是害羞儿童适应问题的保护因子,而消极的教养方式是害羞儿童适应问题的风险因子。具体而言,尽管相比于其他儿童,害羞儿童更容易出现抑郁、焦虑、受欺负、同伴排斥等适应问题,但如果他们的父母愿意表现出温暖、接纳、积极的鼓励与引导等行为,他们出现适应问题的可能性会下降,反之,如果他们的父母使用体罚、辱骂、过度控制这些充满敌意的行为对他们进行管教,他们出现适应问题的风险则会进一步上升。

以上这些研究结果告诉我们,尽管相比于其他同伴,害羞儿童的成长和发展相对不利,但在一定程度上他们遭遇的问题可以得到缓解和改善,这其中父母是关键因素。想成为一个能够让自己孩子,尤其是害羞孩子健康快乐成长的父母,就应该做到采取民主型的教养方式。在日常生活中要多倾听孩子内心的声音,向他们表达关爱和温暖,同时也制定合理的行为准则,积极引导他们去实现。一味地惩罚、斥责孩子,或是过度纵容、保护他们,都不是合适

的做法。同时,当发现自己的孩子害羞时,我们也应该知道,这不是孩子自身的错,不要急于求成,用过于强制的方式去改变他们,而是应该慢慢来,对他们进行鼓励和引导,让他们认识到自己也是有能力和其他孩子友好交往的,这样才能减少他们的害羞,真正有利于他们的成长和发展。

(胡义豪 刘俊升)

胡义豪 广东人,本科就读于中山大学,硕博就读于华东师范大学发展与教育心理学专业。感兴趣的研究领域是儿童青少年的社会性发展,现为华东师范大学心理学在读博士。

指导教师:刘俊升 华东师范大学教务处副处长,心理与认知科学学院副院长,教授、博士生导师。华东师范大学发展与教育心理学研究所所长,儿童心理与行为发展研究中心主任,未成年人学校保护研究中心副主任。为上海市曙光学者,入选上海市浦江人才计划。研究领域为儿童青少年个性与社会性发展。

家庭"去三角化"

——控制转移的焦虑

在养育的过程中,我们会不断关注孩子的一举一动,为他们的每一次进步而开心,为他们的每一份成长而欣慰。当然,有时候,也会很容易看到孩子这里或那里的问题,然后有些父母就会很"自觉"地反省,是不是自己哪里做多了?或者哪里又做得不够?

这样的担心不是没有道理。研究显示,父母的教养风格对于孩子的成长和发展起着至关重要的作用。愿意交流、鼓励表达、及时关心、回应的父母往往能培养出有着最好的适应状况的孩子,如拥有出色的社交能力和认知能力等。

但我们大多关注的是父母对子女的影响,很少会考虑子女对父母的影响,以及父母之间的关系对孩子的影响。

换一个角度,如果我们把家庭看作是一个平衡系统,我们每个人都是这个系统里的一部分。每当其他部分发生变化时,我们就会不自觉地去做出调整来应对这个变化,并且努力继续维持系统的平衡。根据鲍恩系统家庭理论,一个人自我分化的水平将决定他如何应对系统变化,也就是说如何来维持平衡。自我分化指的是一种思考和反省的能力,是一种即使是在面对焦虑的时候,也能够灵活、明智地做出行为的能力。未分化的人很容易变得情绪化,

他们的生活受控于周围人的反应,倾向于对他人采取激烈的回应——不论顺从或反抗;相反的,分化较好的人可以平衡自己的想法和感受,能够承担强烈的情感,但又有不被情绪带着走的自我约束能力。

孩子,作为还未成熟发展的个体,当然属于未分化的个体,他们会对于系统的任何变化尤为敏感,往往会有自动化的下意识反应。有近期的脑成像研究显示,脑静息状态网络连接组越相似的父母和子女,他们的情绪越同步。也就是说,当父母处于某种情绪的时候,孩子也会处于相应的情绪,不管积极或消极。举个简单的例子,一位爸爸刚度过了糟糕的一天,老板从一早布置了新任务,同事抢了他的客户,手下的新人还捅了个篓子等着去善后。总算下班回家,他累得抬不动腿,还要辅导孩子功课,可平时乖巧聪慧的孩子,竟然怎么都教不会,数次重复之下他忍不住说了一句,结果孩子竟然哭了,还冲爸爸大叫,怎么安抚都不行。其实,孩子只是从爸爸的非言语线索中读懂了爸爸的情绪,未完成自我分化的她不能处理这份焦虑,只能下意识地陷入同样的焦虑。

当分化水平较低的父母处于焦虑的状态或者关系中,也会不自觉地把焦虑带给孩子。比如近些年很火的词叫"丧偶式育儿",说的就是当孩子的养育过程中一方缺失,全部的养育压力都会压在另一方身上,这样的情况就会创造很多焦虑情绪。由于妈妈没有办法让消失的爸爸回到家庭(经济损失或关系冲突),于是只能将焦虑转移到孩子身上,会不自觉地将所有精力投注到对孩子的照顾、培养甚至控制和索取上。

很多时候,这种互相影响不只发生在两个人之间,也会延伸到第三个人身上。还是上文案例的爸爸,当他手忙脚乱地安抚孩子的时候,孩子跑走去找妈妈,妻子走了过来,指责他为什么总是这么不耐烦,让他注意一下自己的态度。这瞬间点燃了他的怒火,于是跟孩子的教学困难演变成了他与妻子之间的争吵,甚至吵到最后他们已经不是在争论孩子的学习了。

站在系统观的视角,我们可以看到,妻子的加入转移了爸爸跟孩子之间的冲突,她用自己的牺牲"解救"了孩子。这种现象就是系统里的"三角化",当两个人之间发生问题而又无法解决时,往往会寻求第三方的同情或安慰,或第三方被扰动而主动加入。如果这种方式持续发生,直到变成一种固定的模式,就会形成"三角化"。这并不是说抱怨或寻求安慰错了,而是三角关系变成了一种转移注意的方式,反而将矛盾冻在了原处,最终损害了关系。

其实家庭系统中最常被三角化的是孩子,而且他们很多时候是主动"牺牲"的。曾经在某个节目里看到过一个"厌学"的孩子,原来成绩很好,忽然有段时间成绩下降,不想上学,即使来了学校,也是神情恍惚。学校联系到父母后,反馈了学生的变化,父母随即带他去看了心理医生,服药之后好了一些,可是没过多久,又加重了。在一次家庭治疗中,孩子终于吐露心声,原来父母之前闹离婚,尽管百般隐瞒还是被他发现了,他很担心父母分开,没法专心学习,就害怕有天回到家,忽然会有个人不在了。第一次生病后,父母因为担心他的状况,一起照顾他,仿佛又回到了从前的和睦。可是分歧仍在,于是没过多久两人又开始吵架,愈演愈烈。孩子越发不能放心,恨不得天天在家守着,因为有他在父母就会有顾忌,彼此不会太过分。

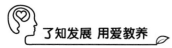

共筑孩子心理成长的内心花园

于是,他用自己的"病"转移了父母的矛盾,让他们的注意力都放在自己身上,来维持家庭系统的平衡。然而,越是不断转移,矛盾越发无法解决,不断固着僵化。

作为父母,我们当然希望自己的孩子能够健康成长,不仅身体强壮,还能心理强大,不会变成动辄被周围人裹挟的未分化个体。那么,我们就需要在孩子的成长过程中,尽量减少对孩子"三角化",也避免孩子主动"三角化",不断提高自我觉察,提升自我分化水平。当父母能够自行处理个人的焦虑,不成为三角化的第三方,也不利用三角化来处理焦虑,孩子自然也能有健康的自我分化发展。

父母是孩子的榜样,要积极处理自己的问题,夫妻之间处理好夫妻问题,跟孩子之间处理好亲子的问题,让我们一起去三角化,把转移的焦虑停下来。

(吴娅婕　蔡　丹)

吴娅婕　上海师范大学心理咨询与发展中心专职心理教师,讲师,2014年毕业于美国佛罗里达大学婚姻与家庭咨询方向硕士专业,目前为上海师范大学心理学院发展心理学方向博士在读。研究方向为大学生心理健康。

蔡 丹 上海师范大学心理学院党委书记,教授,博士生导师。上海市"东方学者"特聘教授、曙光学者、浦江人才、晨光学者。上海师范大学儿童发展与家庭研究中心执行主任,中国心理学会青年工作委员会副主任,上海学校心理健康教育专家指导委员会委员,上海市心理卫生学会常务理事,上海市心理学会副秘书长。

增进亲子沟通,融洽家庭关系
——家庭教育理论与实践

家庭教育是孩子成长过程中的重要一环,它对孩子的品格塑造、学习习惯的培养以及社交技能的提升都有着深远的影响。家庭是孩子接触的第一个社会环境,父母的言传身教会深深地影响孩子的价值观和世界观。良好的学习习惯是孩子学业成就的基石,而这些习惯往往在家庭中萌芽并得到培养。社交技能的提升则有助于孩子更好地适应社会,建立健康的人际关系。因此,我们需要重视家庭教育,通过正确的教育方式,帮助孩子建立正确的价值观,培养良好的学习习惯和社交技能,为他们的未来打下坚实的基础。下文将从品格教育、学习习惯以及社交技能的培养等三个方面进行介绍,并通过具体的例子来进行说明,希望能为家长们提供一些有用的参考。

一、品格教育的培养

品格教育是家庭教育的重要组成部分。父母应该通过自己的行为来树立良好的榜样,教导孩子诚实、尊重他人、有责任感和同情心等基本道德和价值观。此外,父母还可以通过讨论日常生活中的道德问题,帮助孩子理解并实践这些价值观。例如,当孩子发现他们的玩具在外面被偷走时,父母可以用这个机会来讨论偷窃的后果,以及为什么诚实是一种重要的品质。

二、学习习惯的培养

良好的学习习惯对孩子的学业提升至关重要。父母可以通过设定一致的作业时间、提供安静的学习环境、鼓励孩子定期阅读等方式,帮助孩子培养良好的学习习惯。同时,父母还应该教导孩子如何有效地管理时间,以及如何独立解决问题。例如,父母可以设定每天晚上7点到8点为孩子的阅读时间,这样可以帮助孩子养成定期阅读的习惯。

三、社交技能的培养

社交技能是孩子在生活中成功的关键。父母可以通过角色扮演、讨论和示范等方式,教导孩子如何与他人有效地沟通,如何处理冲突,以及如何建立和保持友谊。此外,父母还应该鼓励孩子参加各种社交活动,以便他们有机会实践和提高这些技能。例如,如果孩子在学校与同学发生冲突,父母可以通过角色扮演的方式,帮助孩子理解和学习如何有效地解决冲突。

家庭教育的未来充满了无限可能。随着科技的发展,家庭教育的方式和方法也将不断创新。我们期待家庭教育能更加个性化,更好地满足每个孩子的独特需求。同时,我们也希望家庭教育能更加注重孩子的全面发展,不仅要关注孩子的学业成绩,也要重视孩子的品格塑造和社交技能的培养。让我们一起努力,为孩子创造一个充满爱、尊重和理解的家庭环境,帮助他们健康、快乐地成长。

(鲍 未 罗俊龙)

鲍未 上海师范大学认知心理学博士,贵州中医药大学人文与管理学院讲师。近3年发表 SSCI、CSSCI 论文共8篇,其中第一作者和共同第一作者5篇,主持上海师范大学高水平地方高校建设一流研究生教育项目、上海师范大学学生科研项目各2项。

指导教师:罗俊龙 上海师范大学心理学院副院长,教授、博士生导师。《心理科学》与《应用心理学》杂志编委,中国社会心理学人类智慧心理学委员会委员,上海市心理学会常务理事,上海市学校心理健康教育专家指导委员会委员。入选上海市级人才计划2项。研究领域为推理与创新思维中的直觉、教育心流。

与父母的"心理控制"说拜拜？

2022年1月1日开始，《中华人民共和国家庭教育促进法》正式施行，此举将科学的教养方式正式推向大众视野引起了众多"80后"和"90后"父母对自我采用的教养方式进行反思、变化和调整。其中，普遍被使用的教养方式之———心理控制引起了大众较多的讨论。

心理控制（psychological control）是使用较为普遍的一种教养方式。那什么是心理控制呢？心理控制是指父母通过控制孩子的心理、情绪、想法、观点，侵扰孩子内心世界的方式来控制孩子的行为。常见的心理控制行为包括：

（1）爱的撤回，如孩子在没有达到父母的预期要求时，父母就会表现出消极的态度。例如，蓬蓬这次期中考试的成绩没有达到爸爸妈妈的预期，所以晚上在餐桌上吃饭的时候，爸爸妈妈就一直在数落蓬蓬。

（2）引发羞愧，如告诉孩子，相比于身边的同龄人，他们的表现有多差。例如大家应该都听过类似这样的话："你这次考试怎么考得这么差，你看看隔壁楼栋的轩轩这次就考了班级第一，你语文怎么和人家差距这么大？"

（3）引发内疚，如告诉孩子，父母为孩子做出了多大的牺牲。如"孩子你为什么不好好学习啊？爸爸妈妈为了你付出了多少金钱、人力和精力啊。你看爸爸妈妈每天为了你能够上好的辅导班，

早出晚归,日夜奔波,你还不努力,对得起我和你爸爸嘛?"

但是这样的教养方式到底好不好呢?有大量的研究表明心理控制是较为消极的教养方式,且是诱发儿童各种心理问题(例如抑郁、焦虑、社交能力差等)的重要因素。父母将自己的思想和情感强加于子女,通过心理控制加剧了儿童消极适应的可能性,具体表现为儿童自主性发展受阻及其心理健康受到威胁。

(1) 父母心理控制阻碍儿童自主性发展。一般来说,人们会希望自己的生活是由自己掌控的,自身行为的发生源于自己的内部动机,并且能够自己决定什么是重要的和有价值的。而父母采用心理控制则容易忽视儿童的心理需求,这种教养方式"阴险"地控制着儿童的心理、想法和行为,导致作为儿童基本心理需求的自主性的发展受到阻碍,如子女自主权的剥夺和自我调适积极性的削弱。此外,父母心理控制反映的是一种"子女为个人财产"的观点。具体而言,当儿童的行为没有满足父母的期望和需求时,父母就可能撤销对儿童爱的关注并促使儿童对其产生内疚感。在这种情况下,子女无法认识到自己的独特性和独立性,导致对父母的过度依赖和自我表达困难,从而表现出较差的适应能力。

(2) 心理控制水平越高,儿童的心理健康水平越低。父母更多频次地采用心理控制这一策略,那么孩子也会更大可能地表现出焦虑和抑郁等负性情绪症状。一项跨文化的科学研究表明:对于中国在内的 11 个国家的儿童进行调查,父母存在较高的心理控制水平能预测儿童的抑郁症状的发生,也就是说孩子感受到父母采用的心理控制这一教养方式次数越多,其抑郁症状就越严重。除抑郁外,心理控制还会使孩子体验到更强烈的孤独感、表现出自我贬低、社会交往表现出更多的退缩、自尊水平也比较低等消极心理健康的表现。当然,心理控制同样是诱发儿童羞耻感的重要因素,例如父母在公开场合将自己的孩子与他人进行不利比较使儿童产生尴尬情绪。同时,父母较强的心理控制也更容易导致学龄儿童为了满足父母期望而产生学习焦虑,进一步加剧儿童对失败的恐惧和不安全感,损害儿童心理健康。

那么,是不是父母采用心理控制这一教养方式一直都是不好的呢？值得注意的是,在不同的环境中,心理控制也未必一定产生不好的影响。

多数西方文化将"控制"等同于"支配",赋予其消极意义,而儒家思想观点则认为"控制"对青少年具有其积极意义,父母应当对儿童给予严格控制。然而儿童的个人主义观念越鲜明,具有高心理控制水平的父母教养与其内化问题之间的关系就越弱。在欧美国家的儿童中,父母诱导儿童产生内疚情绪的心理控制策略甚至可以在一定程度上对儿童的道德发展发挥积极作用,例如让孩子更容易对他人表现出同情心,也会有更高的集体凝聚力。

"引发内疚"是心理控制重要的表现之一。在集体主义背景下,这种类型的父母心理控制被认为是有效培养儿童与他人或集体发展出凝聚力的重要方法之一。相反,在更加强调自立的个人主义背景下,父母对子女采取"引发内疚"更可能被儿童知觉为父母自我中心的表现,并不能促进儿童更好地融入某一集体,同时孩子会表现出更低的自尊水平。因此,并不是所有情况下父母采用心理控制这一教养方式都是不好的。

总的来说,父母采用心理控制这一教养方式不一定都是不好的,也就是说不一定会破坏孩子的心理健康。父母在对孩子进行教养的过程中,可以根据具体的情境和孩子本身的特点,以及具体

共筑孩子心理成长的内心花园

的事件来适度地采用"心理控制"这一教养方式,做到科学教养与具体问题具体分析相结合,成为一名合格的父母。

(胡　娜　贾　薇)

胡　娜　发展与教育心理学博士,上海师范大学讲师、硕士生导师。为国际行为与发展研究学会(ISSBD)会员、中国心理学会会员、上海市心理学会会员。采用问卷测评、行为实验、自然观察、近红外超扫描等技术研究儿童青少年认知与社会性发展,包括儿童青少年人际情绪调节、独处、教养方式、心理适应等主题。

贾　薇　上海师范大学发展与教育心理学硕士。关注儿童青少年认知发展,最新研究成果发表于 Journal of Adolescence。曾主持校级课题1项,曾参与国家自然科学基金面上项目1项、上海市哲学社会科学规划课题1项、上海市决策咨询研究教育政策专项课题1项。

第 3 篇

向阳而生

儿童青少年成长的"心情"故事

"慢一拍"生活中的"璀璨绚烂"

——多维解析儿童口吃

"在这个庄严的时刻,也许是我国历史上最生死攸关的时刻,我向每一位民众,不管你们身在何处,传递这样一个消息,对你们的心情,我感同身受,甚至希望能挨家挨户,向你们倾说,我们中大多数人将面临第二次战争,我们已多次寻求通过和平方式解决国家间的争端,但一切都是徒劳的,我们被迫卷入这场战争,我们必须接受这个挑战"。

也许很多人对这段台词仍然印象深刻,的确,这段话就是出自电影《国王的演讲》中乔治六世的演讲词。二战前夕,英国面临着巨大的战争压力,乔治六世为了英国的未来,为了整个世界的和平,不得不做出参与第二次世界大战的决定。在国家危难之际,他发表了非常成功的演讲,之所以这部影片这么有名是因为这位国王非常与众不同,他曾经是一名有严重口吃问题的患者,他长期因为需要在公开场合演讲而备受煎熬。后来,他在语言治疗师莱纳尔·罗格的帮助下不断努力尝试和训练,最终克服了障碍,并在二战前发表了振奋人心的演说。其实讲到"口吃"大家并不陌生,我们在生活中都或多或少遇到过有"口吃"问题的人,下文中的卡罗尔(化名)就是一个例子。

卡罗尔(化名)今年9岁,已经读四年级了,平素个性内向、敏

感、羞怯。她从4岁半开始就无明显诱因下出现说话时经常重复第一个字、并拖长音的现象,比如"我-我-我-我-不-不-喜-欢-欢我们学校的-数学-学老师"。她解释说:"我-我-我-我说话-话的时候总-总-总-是太紧张,害-害-害-怕数-数学老师提问。"

最近几个月,卡罗尔经常因为说话重复、拖长音而被班级的其他同学嘲笑。上课回答问题时她感到非常紧张,常常一站起来,头脑就一片空白,然后口吃就会变得更加严重。她在学校说话的时候也常有停顿,而且还常常手心出汗、脸涨得通红。卡罗尔家里也没有人是口吃的,她妈妈来到门诊焦急地说道:"医生,这到底是怎么回事呢?以前小的时候我们觉得还不太严重,以为长大后就好了。这学期开始,班级换了一个数学老师,孩子说数学老师很严厉,我们想严厉点好,是对孩子的学习负责。但是不知怎么回事,现在反而口吃越来越严重了。其实数学老师对卡罗尔还是不错的,经常喊她回答问题,如果回答不好会再说几遍。看到孩子现在口吃越来越严重的样子,我们做父母的都焦虑得不得了,有没有什么药一吃就能好的啊?"卡罗尔妈妈还担心孩子:"会不会因为口吃的问题变得越来越自卑、害羞呢,现在她在学校都不怎么说话了,这可怎么办啊?"

医生"贴己话"

我们发现现实生活中口吃患者并不算少见,国外相关研究显示,在整个人群中,口吃的患病率约为1%。口吃通常起病于2~7岁,2~4岁幼儿尤为常见,4岁达到顶峰,男童多于女童,个别的患儿会持续终生。儿童口吃常常表现为失去正常的说话节律,说话不流畅，呈现出特殊的断续性。有的表现为说话时缓慢，发音延长或停顿；有的表现为不自觉地阻断或语塞，间歇地重复一个字或一个词，例如"我、我、我的名字叫、叫、叫卡罗尔"。孩子说话时，常常会有摇头、手心出汗、面红耳赤等紧张的表现，直到他（她）把想说的话说出来后才能够放松下来。

大部分口吃的孩子，并不是在任何场合都口吃。例如在唱儿歌等比较放松的时候口吃就会消失或者极大地减轻，而在心理紧张、压力较大时口吃就会加重。有些父母常常会认为儿童口吃不要紧，长大就好了。很多孩子在小时候常常因为口吃而有胆怯、自卑和孤僻等负面的情绪体验，长期存在负面情绪会导致孩子出现情绪低落、社会交往差以及认知能力发展慢的问题。有很多人就会很好奇：儿童的口吃问题到底是如何产生的呢？

一是遗传因素。在口吃的病因中，遗传是一个非常重要的影响因素。国外的一项重要的研究发现在口吃病因中，遗传影响占到七成，剩余三成则是由环境导致。我国的研究中也发现口吃儿童约有50%～72%有家族史。有口吃家族史的儿童常起病更早，这是由于遗传的原因，大脑中主要的言语中枢发生了变化，从而影响了言语发展。

二是发育性因素。3岁左右的幼儿正处于语言发展的暴发期，但是其大脑发育还不够成熟，他们还不能准确地挑选词汇，或是不能迅速地组织句子，也不能准确表达复杂内容，常常会在表达时表现出重复或拉长某一个字音节现象。有些幼儿会出现语言的不连贯、不通顺的问题，这些现象的发生被认为是一种阶段性口吃，这种情况会随着幼儿年龄的增长，认知能力的发展逐渐消失。

若是在这个阶段,家长采用威胁、批评的方式对孩子进行训斥,会使孩子产生巨大的恐惧、担忧和不知所措的感受,不仅会加重孩子的恐慌和紧张,而且会加重口吃,最终形成真性口吃。但超过5岁后出现的口吃,会形成固定的言语形式,若是不及时进行有效的矫治,那么有可能形成永久性口吃。

三是心理因素。精神分析学派认为本病可能是早期的亲子关系紊乱导致,而行为学派则从操作性条件反射的理论出发,提出儿童早期的言语不畅与间接的强化有关。临床上常常会发现在急性精神创伤和慢性迁延性心理创伤后突然出现口吃现象。突然的精神刺激,如突然父母离异、强烈的惊吓等会使孩子受到精神上的刺激,导致儿童口吃。而慢性迁延性心理创伤如老师要求过于严格、反复指责、训诫等,会造成儿童心理压力较大,使儿童说话时感到恐惧、紧张和焦虑,因害怕说错话而发生口吃。若是家长对孩子的期望过高,对孩子的态度过于苛责,则孩子可能会不敢说话,进而形成口吃。而口吃本身又会加剧孩子心理的紧张,紧张的情绪会使口吃现象表现得更为严重,逐渐形成恶性循环。孩子口吃形成后,若是过分关注和纠正口吃,对孩子加以批评和惩罚,会增加孩子的紧张、焦虑感,不仅达不到矫治的效果,反而会起到反作用。

四是模仿性学习。由于幼儿受暗示能力很强,所在的语言环境对其影响很大,若常常与口吃的小伙伴密切接触,会有意无意地模仿同伴的行为从而形成习得性口吃。有些孩子看了电视节目中人物口吃说话觉得有趣,模仿、学习他们后又得到了家人的正性反馈,使口吃的习惯得以加强,从而形成了口吃的问题。

🔍 心理咨询师"知心言"

儿童语言发育就像个体发育一样，总是有快有慢，只要在正常范围内家长就不要太紧张。有些父母常常让孩子和其他孩子比赛谁说得更快、更好，常常对孩子说话要求过高，这种方式是不太恰当的。5岁前的孩子出现说话结巴问题后，要注重家庭的干预，给孩子做好正确引导，帮助他们树立信心，消除他们的紧张情绪。若家长实施干预1个月后仍没有改善或者出现其他的语言问题就要去相关的专科门诊就诊。若是5岁后仍出现口吃现象，就应该立即就医，请医生正确治疗和指导。在孩子口吃干预的路上，家长可以这样做：

一是正确引导。正确引导的前提是帮助孩子树立信心。告知他们口吃是非常常见的行为，是完全可以治好的，消除孩子对口吃的紧张恐惧情绪。父母可以通过国王乔治六世努力战胜口吃的故事帮助孩子树立克服口吃的信心，解除精神压力，大胆说话。告诉孩子讲话时应不紧不慢，从容不迫，这样才能克服自卑和焦虑的负面情绪。

此外，家长应当细心观察周围的人或者电视节目中的人物有无口吃的现象发生，因为儿童常常会模仿周围环境中他人的口吃行为。若有，家长要进行隔断，尽量避免接触。当家长遇到孩子口吃时，首先认真、耐心地听完孩子说的话，让孩子充分表达自己的感受和想法后再发表自己的"高见"，做到尽量不要随意打断或马上纠正，然后让孩子学会放慢速度，降低音量，不慌不忙地讲话。同时家长在和孩子对话的时候也要尽可能地放慢语速、轻柔地说

话,这些通常比说教更重要。孩子讲话出现口吃现象时应当做到不予理睬,当没有发生,当孩子说话无口吃时,应当给予适度的肯定和鼓励。

二是减少不当行为。紧张情绪是最容易和最经常诱发口吃的因素,有些家长在孩子发生口吃时,常常表现出急躁、焦虑的情绪,父母常常会在孩子说话时粗暴地打断他们的讲话、反复提醒孩子不要结巴,有些家长甚至批评、要挟、惩罚或者打骂孩子,这会使儿童在说话时压力很大,准备说话的时候会酝酿很久,而且他们会不断提醒自己千万不要结巴,这反而使孩子的语言表达更加困难,甚至导致很多孩子从此不再敢开口表达,进而导致孩子口吃的问题持续到成年,并给年幼的心理蒙上阴影。因此家长看到孩子口吃的问题出现时尽可能采用忽视的态度,等到恰当时候再给予鼓励。

三是分散注意力。教会孩子在说话的时候做一些其他的肢体动作,例如可以用前臂和手来比画自己说的内容,用点头或摇头的动作来匹配是否的意思。同时,教孩子在说话时做一些呼吸和发声练习,以达到分散注意力的目的。在生活中鼓励孩子与同伴进行交往,尤其是应当以游戏作为媒介增进与他人的情感交流,转移因口吃带来的压力。

社会工作者"肺腑说"

在儿童社会工作中,社会工作者遵循儿童中心的原则,即把每个儿童看成独立的个体,在为其提供个别化服务的基础上,通过最大程度地激发儿童潜能、营造良好的发展环境来实现儿童的成长。

社会工作者不但要以独特的视角来看待问题,而且也要充当服务的策划者、提供者、支持者、资源统筹者等多种执行角色,因此,社会工作者"说"会结合服务方案,利用如何来"做"的方式呈现。

一、遵循儿童个别化原则,评估现状

9岁的卡罗尔,正处在自我意识觉醒的年龄,是作为独立个体面对和体验外在世界的阶段。站在全人发展的视角,卡罗尔如果能够战胜面临的困境,那么她的自我认同感自然就会增强,这会为她今后的个人发展和社会融入奠定好的基础。所以,对卡罗尔现状的评估分析尤为重要。

首先,在生理层面,卡罗尔有语言表达障碍。卡罗尔"在4岁半开始就无明显诱因"产生了口吃现象,特别是"最近几个月"情况加剧,在校回答问题时常常头脑一片空白,而且还常常手心出汗、脸涨得通红,这种表达障碍直接影响了她正常的学习和生活。

其次,在心理层面,卡罗尔有自卑感。卡罗尔"个性内向、敏感、羞怯",所以相对来说,她会对外在的环境及人际互动中的回馈更加敏锐。在学校,她在近期回答较为严厉的数学老师的问题时,感到非常紧张、语无伦次,同时,又因"拖长音而被班级的同学嘲笑",这些负面的情绪体验不但促使卡罗尔的口吃现象更为严重,而且也加剧了她的自卑感和无力感。

最后,在环境层面,存在有待优化的因素。在家庭中,卡罗尔父母的情绪非常焦虑,他们试图通过药物来快速改变她的状况,这不但会在无形中为卡罗尔增添很大压力,而且也会误导卡罗尔对

自我行为的解读;在学校里,数学老师以提问来促进卡罗尔成长的方式对她来说并不适合,甚至起到了适得其反的作用。另外,同学们在卡罗尔口吃时如能展现出友爱、宽容的态度,将会为卡罗尔带来更多克服困境的信心。

二、依据优势视角理论,设定目标

社会工作者预估现状的过程中,也看到了卡罗尔所具备的有利资源。包括从卡罗尔个人来说,敏感的个性会让她更容易感受到社会工作者的诚恳和尊重,从而建立起信任合作的专业关系;同时,从卡罗尔愿意就医的行为来说,她有着改善现状的内在动力,这是带领她走出阴霾的关键;从卡罗尔的家庭来说,父母不但对她非常关爱,而且他们与学校老师之间也保持着良好的互动;从卡罗尔就读的学校来说,老师的责任心会为卡罗尔的转变带来希望和保障。

因此,社会工作者在充分尊重卡罗尔独特性和发展需求的基础上,把"利用环境资源,增强卡罗尔语言表达的自信心"设定为现阶段的服务目标。他们的服务策略一方面要致力于激发卡罗尔及其家庭成员的自身潜能来解决问题,另一方面也要有效利用各类资源,为其构建起支持网络系统,以促进卡罗尔更好地融入学校及社会。

三、整合资源带动改变,促进自助

(1)挖掘个人和家庭资源。社会工作者分别采取个人和家庭访谈的方式,在理解卡罗尔及其父母感受的基础上,进一步共同分析卡罗尔处于困境无力自拔的原因。同时,引导他们意识到自身的潜能和优势，通过心态的调试、亲子沟通方式的改善来积极面对问题，在增强卡罗尔父母亲子教育能力的基础上，为卡罗尔的内心注入希望。

(2) 借助学校资源。社会工作者协助卡罗尔的父母和校方老师进行沟通，让他们在了解卡罗尔处境的基础上，争取解决问题的目标的一致性。在此基础上，社会工作者建议数学老师把对卡罗尔的"当众提问"转换为与他的"课后交流"，以此来助力卡罗尔的改变和成长。另外，也提议班主任老师安排 1~2 个有带动性的同学，通过增加同学们和卡罗尔的接触频次，来增强她对老师、同学的表达欲望。

(3) 联结社区资源。在服务方案实施之初，社会工作者应主动链接社区内的医生、心理咨询师或相关组织机构的资源，利用个案管理的方式，集中各种专业力量共同为卡罗尔制定包括医疗康复训练、心理疏导、活动设计等整合性服务计划。

在服务实施过程中，社会工作者会培养卡罗尔家庭运用社区资源的意识，通过卡罗尔与大学生志愿者的结对，带动她参加与其程度匹配的学生小组、社区活动，让卡罗尔在寓教于乐的氛围中体验到人际交往给予的正向回馈，从而进一步增强卡罗尔自我表达的能力。

(案例：仇晓艳　医生：仇晓艳
心理：仇晓艳　社工：张海燕)

了知发展 用爱教养

共筑孩子心理成长的内心花园

仇晓艳 上海市儿童医院精神心理科心理治疗师,国家二级心理咨询师。上海市人口早期发展协会理事,中德精神分析高级组组员,家庭治疗师,沙盘游戏治疗师,上海市心理危机干预组员。从事儿童青少年心理咨询和治疗工作数年。擅长儿童青少年各类抑郁、焦虑、心身疾病问题的诊治,对于性心理异常、注意缺陷多动症、青春期叛逆、儿童青少年厌学以及孤独谱系障碍等问题有丰富的心理咨询及治疗的经验。

张海燕 社工师、心理咨询师,上海市阳光社区青少年事务中心督导助理,杨浦区社工协会督导。从事社会工作18年以来,致力于学校社会工作的实践与研究。曾获"2018年上海市优秀社会工作者""2019年上海市杰出青少年事务社工"等荣誉称号。

聪明的孩子在学习面前为何"犯了愁"

——触感学龄早期"阅读障碍"

每逢开学季,门诊上总会遇到一些忧心忡忡的家长,携着小学一二年级稚气未脱的孩子匆匆而来。细问缘由,家长们道出困扰多时的种种"烦恼":学龄前期,"小机灵"们无论是参与活动、动手制作还是绘画剪贴,都显得聪明伶俐、活泼可爱,可进入小学不久,就像完全变了一个人——"上课走神、作业拖拉、理解困难"。别的小朋友一个小时就能完成的抄写作业,他们往往要花上三四个小时才能勉强完成,还总是错字连连;类似"粘、扛、活"这些看似非常简单的字,对于"小机灵"们来说,却像是遇到了大麻烦:一个字不是缺这里,就是少那里,陪他们一遍遍地抄写和背诵,好不容易写对了、搞懂了、记熟了,可到第二天小脑袋又是一片空白,只得从头再来!

"老师批评、家长督促、孩子苦学",虽经多番努力却收效甚微,难道这就是俗语所说的"聪明面孔笨肚肠"!更令家长们不解的是,明明孩子们在其他方面都表现得不错,那么这样的"学习困难"究竟是"智力发展不良",还是"多动症",抑或是其他的状况呢?

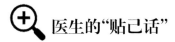
医生的"贴己话"

1963年美国教育心理学家柯克(Samuel A. Kirk)首次提出

了"学习障碍"(learning disabilities，LDs)的概念，目前在《精神障碍诊断和统计手册(第5版)》(DSM-5)诊断系统中，其被称为特定学习障碍(specific learning disorders，SLDs)，而在《国际疾病分类》第十一次修订本(ICD-11)诊断系统中，它被命名为发育性学习障碍(developmental learning disorder，DLDs)，是指学龄阶段儿童在阅读、书写、计算或数学推理技能上持续出现困难，当前的学业技能远低于其文化和语言要求的阅读、书写或数学平均水平，并对学业成就、职业能力或日常生活产生显著影响。但不是以下因素所致：智力发育障碍、感觉损害(听觉或视觉损害)、神经系统障碍或运动障碍、缺乏接受教育的机会、对教学使用的语种缺乏掌握以及社会-心理的逆境。

一、最常见的"学习困难"——儿童阅读障碍

在门诊就诊的儿童青少年当中，阅读障碍是最为常见的学习障碍，约占总数的80%，其主要特征包括语音处理核心缺陷，导致解码("读出"单词)、拼写和单词识别方面的障碍，阅读流利度和理解的困难，习得词汇量的减少以及知识内容降低，进而影响到儿童的日常学习或工作，主要可分为获得性阅读障碍和发展性阅读障碍。获得性阅读障碍(acquired dyslexia，AD)是指由脑损伤(如脑外伤、脑肿瘤等)等原因引起的阅读困难；而发展性阅读障碍(developmental dyslexia，DD)是指个体在一般智力、动机、生活环境和教育条件等方面与其他个体没有差异，没有明显的视力、听力、神经系统障碍，但其阅读成绩明显低于相应年龄的应有水平，处于阅读困难的状态。它是最常见的阅读障碍，其对认知情感、自我概念以及社会性发展都会产生重大影响。阅读障碍往往在幼儿

园阶段就被发现,但主要影响是从学龄期开始(Lyon,Shaywitz,Shaywitz,2003;Vellutino et al,2004)。

众所周知,儿童从学龄期开始接受系统性、规律性、正规化的学校教育,身心也迈入了一个快速发展阶段。作为个体社会化的开端,由于受到遗传、教育、环境等诸多因素的影响,从接受相对宽松的养育方式到纳入正规的学校教育系统,从父母和家人聚焦关注的核心到集体学习和生活的一员,从生活环境到人际关系都发生了重大变化,学龄期成为了儿童认知、情感、性格形成、自我意识建立并发展的关键时期。这个阶段的儿童一旦罹患发展性阅读障碍,在学校教育中往往会出现学业成绩不佳,常被误认为智力落后,易遭受挫折,这对儿童的心理发展极为不利(方俊明,2005)。

依据干预介入原则,如果个体的学业成就问题已经影响到个体的学习与生活,比如在学校中总是被嘲笑、欺负,无法很好地融入教学环境中,儿童长期得不到积极正向的支持,很容易造成其情绪抑郁、焦虑以及出现其他行为问题。同时,患儿也通常需要付出更多额外的努力,才能达到与同龄人相当的水平。研究显示,这些问题明显影响了他们的学习效能,更容易导致挫折感,影响直至成年时期乃至更长的时间(Gibson et al,2010;Leitão et al,2017;Maughan et al,2020)。因此,多方携手,早期识别发展性阅读障碍患儿并明确诊断和进行系统干预是非常重要的(Wang et al,2021;赵微,2015)。

精准干预的第一步是明确诊断,通过科学和系统的筛查和评估,识别可能具有发展性阅读障碍风险的儿童,以期尽早诊断和康复。筛选主要关注学龄期儿童早期读写技能以及自我调节和执行控制的领域,其中,获得一个全面的病史是关键,包括与父母/照顾

者进行儿童早年发展技能和行为表现的访谈(例如,幼儿园时期字母识别能力、一年级视觉单词阅读以及二年级孩子阅读短篇图画书理解能力)、回顾家族史(Shaywitz 研究提示,65%父母可能有类似情况)、进行课堂观察以及接受教育的状况(包括学校成就、阅读进度和拼写能力等)。

常用筛查测试工具包括:① 学业成就测验;② 基于阅读相关认知因素的筛选标准,包括进行语音意识、数字快速命名、正字法意识、数字记忆广度和汉字记忆广度等测验。如在所有任务上都显著落后于正常儿童,存在句法和语音缺陷,则可能是高危儿童。③ 基于教育矫治效果的筛选,根据儿童的阅读平均水平以及进步速率来进行筛查识别。总体而言,筛查识别首先,需要排除由于智力原因导致的阅读障碍。其次,要对被试者进行解码水平、阅读理解水平测验。最后,进行语音意识测验并结合他人评定,主要是将班主任教师对学生阅读能力的评定作为重要参照,但由于儿童发展性阅读障碍的疾病异质性很大,不同亚类型的儿童之间有较大差异,加之涉及生理障碍、智力水平、阅读相关认知因素、阅读水平等诸多方面,标准和程序较为复杂,进行科学和规范的筛查识别是非常重要的,家庭简单辨析主要可以参见"一二三"原则。

二、基于"医教结合"的儿童发展性阅读障碍早期筛查和综合干预的探索

当前,基于"医教结合"的儿童发展性阅读障碍早期筛查和综合干预的探索得到了各方关注,呈现持续发展的态势。"医教结合"是指在特殊儿童康复过程中,将医疗康复训练和教育相结合,在教育的过程中渗透康复训练,在康复训练中融合教育,将二者融

为一体，相辅相成，以此来促进特殊儿童的全面发展。按照生态系统理论，其作为环境系统对罹患疾病学生的一种重要的支持手段，重点不是在"医"，也不是在"教"，而是在于"结合"。作为一种教学设计或教学组织形式来服务于特殊教育，"医教结合"将特殊教育与康复医学资源整合，达到学科互助和各施所长的目的。这一模式通过充分调动教育与医学两方面的资源，遵循儿童身心发展的规律，切实提升残障儿童的康复服务水平。这种模式还可对罹患疾病的儿童实施早期发现、早期诊断、早期干预，为教师能够针对儿童的具体情况进行个性化教育、康复和保健提供了科学依据。

对于儿童发展性阅读障碍的患儿来说，基于医教结合模式开展早期筛查识别，并提供整合干预是很有裨益的。在美国，明确诊断发展性阅读障碍通常由言语病理学家、心理学家、阅读专家和教育专家共同来完成，患儿教育和学习评估由公立学校具体负责实施，需要开展语言和阅读能力测试、认知或智商测试、言语和语言评估、社会情绪评估等测评。Torgesen 等人结合了语言层面和非语言层面的训练，对发展性阅读障碍的儿童进行教育训练，任务包括分享阅读、朗读练习、识字教学和认知能力（注意与元认知能力）训练等，整个过程在教师的辅助下，儿童发展性阅读障碍患儿以小组的形式进行共同朗读，遇到问题及时反馈，同时要求儿童实时反馈自身阅读行为，走神时教师可以引导学生思考等。结果表明，这样的整合训练对儿童的阅读速度提升显著，并且在干预停止 20 天后仍保持在较高水平。

在教育干预之外，医学评估和干预也是同时进行的。基于个体和家庭的调查，通过评估听力或视力缺陷的严重程度以及引发的相应的功能障碍，对于患儿合并的慢性疾病以及可能影响警觉性和认知学习能力的药物进行针对性干预,发展性阅读障碍最常见的伴发疾病包括注意缺陷与多动障碍(ADHD)(共病率20%～40%)、自闭症谱系障碍(共病率30%)等。美国的临床医生与学校进行合作,共同为患儿和家属进行心理教育和辅导,帮助家庭了解进行特殊教育评估和干预的重要性,提供社区资源,例如家长组成学习小组共同阅读莎莉·沙维茨博士的《克服阅读障碍》一书(Newbury et al,2020)等,并获得学业便利和支持性服务,共同协助发展性阅读障碍的患儿提升阅读能力,改善学业情况,适应学校的学习。

除了合并疾病以外,发展性阅读障碍患儿伴发心理问题的状况也不容小觑。Adrienne等人(2023)对10810篇文章和论文进行分析发现,发展性阅读障碍儿童出现内化(抑郁、焦虑、退缩等)和外化(攻击性等)心理健康问题的风险较高,影响可以延伸到他们的日常生活,并可能持续到成年。影响因素包括,个人层面(如自尊、压力、应对和弹性、沟通能力和社交能力、情绪调节、学习态度和方法、功能障碍、羞耻感、自我意识等)、家庭层面(如父母心理健康和自尊、压力、应对能力和自我效能感、亲子关系、情绪意识与调节、价值观和实践、对父母的社会支持、家庭功能等)、社区层面(师生关系、教师支持、同伴支持、欺凌、污名和歧视等)。

专业的注意力训练可有助于提高反应时间、感觉(视觉、听觉)选择性和注意力转移能力;而医生负责制定对孩子的学习困难进行专业评估、建档管理和共病干预,对于出现学习焦虑的患儿,提供认知行为干预措施。由于目前尚无特殊药物能够治疗发展性阅读障碍,通常根据孩子的综合状况,给予促进脑功能、增智类药物,包括吡拉西坦、γ-氨酪酸等口服治疗,保证充足的维生素和微量元素的摄入。

对于发展性阅读障碍儿童,需要从个体、家庭和社会层面量身定制干预措施。国外"医教结合"模式,由教师、医生及家长组成团队。教师负责制定个别教育计划(individualized education program, IEP),指导建立知识和技能以发展患儿的自主性。在这种共同教学模式中,发展性阅读障碍儿童在通识教育课堂上听课,一名通识教育教师提供整体教学内容;另一名特殊教育教师根据需要设计和提供更密集的干预措施和学习策略,日常指导儿童和家长或老师一起阅读绘本,增加阅读时间,帮助其逐步建立起阅读的信心,提高阅读速度,有助于将语音与字形联系起来,同时将注意力集中在文字上。此外,小学早期的教育干预侧重于发展精细运动技能,增加手部协调性和力量运动活动,包括描摹、走迷宫、玩粘土以及手指敲击和揉、握手等练习,教授儿童正确的握笔姿势和良好的书写姿势,而进入到初中和高中阶段,可在更复杂的阅读和写作部分对学生提供帮助,包括计划、起草和修改文本等。

咨询师"知心言"

不同于学龄前期,小学一二年级的儿童由于遗传、教育、环境等诸多因素的影响,从接受相对宽松的养育方式到纳入正规的学校教育系统,从父母和家人聚焦关注的核心到成为集体学习和生活的一员,从生活环境到人际关系都会发生重大变化,学龄早期成为了儿童认知、情感、性格形成、自我意识建立并发展的关键时期。

与此同时,父母同样地面临着要在短时期内适应小学生家长这一新角色的任务。期间,一些家长会对孩子的状况,尤其是学习

情况特别地加以关注,一旦发现孩子出现了诸如"学习困难""多动注意力差""内向少语"等状况,就容易比照着大众较为熟知的"多动症""孤独症""学习障碍"等病症的常见症状对号入座,出现"越看越像、越瞧越是"的状况,并由此忧心忡忡、乱了分寸,带着孩子四处求治。

其实,从专业的角度来看,我们建议家长在发现孩子出现某些"症状"的时候可以遵循"一二三"的原则,进行初步的辨识。

"一"是指"维持一段时间"。常见的儿童期神经发育障碍、心理问题都有一个发生、发展的过程。因此,家长在发现孩子出现迥异往常的异常状况时,可以进行一定的回溯,判别"症状"初起的时间。一般来说,神经发育障碍病程至少要持续 6 个月以上才有诊断意义,而一般心理问题持续多在 1 个月以内。

"二"是指"发生的频率"和"严重程度"。"症状"是持续存在,还是间断发生;期间有无"例外"的状况,一般是在什么情境之下;有无在同一情境下反复出现的"症状";对于生活、学习的影响程度;看似"负面的症状"是否有其存在的"积极的意义",如孩子一有某种"症状",家长就会把精力和关注投注于孩子,关爱到孩子的需求,继而也减少了父母间的争吵和冲突的发生。

"三"是指"三个维度"的综合评估,即儿童发育及躯体状况、家庭养育状况及学校教育状况。

(1)儿童发育及躯体状况

① 有无家族遗传性疾病的病史。

② 出生乃至学龄前期有无涉及记忆、计算、常识、判断等认知水平低下的状况,有无进行相应的智商测定。

③ 有无患有严重的心、肝、肾、脑等重要脏器疾病或视、听感

觉障碍的病史。

④ 有无长期服用药物治疗的情况。

（2）家庭养育状况

① 养育过程中是否存在社会隔绝、情感剥夺、照料缺失、精神虐待等状况。

② 6个月以内是否遭遇到父母离异、再婚、主要养育者去世或罹患重病、多次搬家等应急生活事件。

③ 家庭教育过程中是否持续存在主要养育者与其他成员间就儿童教育问题产生明显的争议与矛盾，引发儿童恐惧、焦虑、不安等情绪的。

（3）学校教育状况

① 有无持续存在的压力事件，如在人际关系方面是否与老师、同学存在矛盾和冲突事件；遭遇校园暴力、同学自杀或自伤等突发事件等状况。

② 有无存在多次转学、转班或其他教育环境变化的状况。

虽然有些学龄期的孩子会出现"阅读困难""多动、注意力差""内向少语"等诸多的"状况"，家长也大可不必过分紧张而"病急乱投医"。完全可以遵循"一二三"原则，收集资料和简单辨识，对所谓"症状"有较为客观和多元的认识，尽早求治于正规的医疗机构加以明确，然后配合我们康复治疗和心理治疗师开展针对性的干预，及时调整心态，联合学校教师，从改善生活和教育环境、降低学业压力和既定标准、积极配合儿童心理治疗师、医务人员做好治疗、复健等综合干预，控制症状、提高疗效、改善预后。

共筑孩子心理成长的内心花园

社会工作者"肺腑说"

如今许多家长都发现孩子们在学习中会出现注意力不集中、多动、对立违抗及情绪波动等状况。对于学龄儿童所遭遇的"学习困难"现象，必须深入挖掘出其背后的深层社会和心理根源。从专业视角来看，阅读障碍其实远非单一的智力层面问题，而是一个涵盖语音处理、解码技巧、阅读流畅度和理解力等诸多维度的复杂难题。

我们首先需要明确，每个孩子都是独一无二的，他们的学习模式和成长道路都各具特色。因此，在评估孩子是否存在学习障碍时应采取系统科学的筛查与评估手段，全面洞悉其早期读写技能及自我调节和执行控制的能力。为学习困难的孩子量身打造个性化干预方案时，需要仔细考量孩子的年龄、性格、家庭背景及学校环境等多元化因素。例如，对于身陷阅读障碍困境的孩子，除了施以针对性的阅读训练外，还需滋养其语音意识的土壤，通过系统的语音和阅读练习，逐步培育和提升孩子的阅读能力。

虽然阅读障碍儿童在阅读方面遇到阻碍，但他们却在其他方面有着诸多优势，如概念形成、逻辑推理、批判性思维等，彰显出大脑机制的神奇互补性。学者们将这一现象喻为"优势海"模型，因此我们应该相信并挖掘孩子所具备的潜能。

家庭、学校和社会环境的温暖拥抱对于孩子克服学习困难亦起到至关重要的作用。家长们需以理解和接纳的态度面对孩子的困境，勇敢寻求专业援手，与学校和专业机构一起筑起紧密的沟通桥梁，为孩子构建一个多方协同共进的网络，创造一个包容、温暖的教育成长环境。

(案例:郑　宏　医生:郑　宏
心理:郑　宏　社工:董文静)

郑　宏　华东师范大学附属精神卫生中心(上海市长宁区精神卫生中心)精神科主任医师、公共精神卫生教研室主任,华东师范大学兼职教授,担任长三角儿童青少年心理健康促进联盟常务秘书长等。具有丰富的儿童青少年精神病学、心理治疗、精神康复等学科的临床综合服务、实践教学指导和心理健康科普项目设计与执行的经验。

董文静　上海大学社会学院硕士研究生,主要研究方向为精神健康社会工作、社会工作理论与实务。

参考文献

方俊明.特殊教育学[M].北京:人民教育出版社,2005:349.

赵微,陈泊蓉.影响小学生汉语阅读的认知因素[J].心理与行为研究,2015(3):367-374.

Gibson S, Kendall L. Stories from school: Dyslexia and learners' voices on factors impacting achievement[J]. Support Learn, 2010, 25: 187-193.

Leitão S, Dzidic P, Claessen M, et al. Exploring the impact of living with dysl exia[J]. Int J Speech Lang Pathol, 2017, 19(3): 322-334.

Lyon G R, Shaywitz S E, Shaywitz B A. A definition of dyslexia[J]. Annals of Dyslexia, 2003, 53: 1-14.

Maughan B, Rutter M, Yule W. The Isle of Wight studies: The scope and scale of reading difficulties[J]. Oxf Rev Educ, 2020, 46: 429-438.

Newbury J, Justice L M, Jiang H H, et al. Cognitive, noncognitive, and home environment correlates of reading difficulties in primary-grade students with language impairment[J]. J Speech Lang Hear Res, 2020, 63: 1933-1946.

Torgesen J K, Alexander A W, Wagner R K, et al. Intensive remedial instruction for children with severe reading disabilities: Immediate and long-term outcomes from two instructional approaches[J]. J Learn Disabil, 2001, 34: 33-58.

Vellutino F R, et al. Specific reading disability(Dyslexia): What have we learned in the past four decades? [J]. J Child Psychiatry, 2004, 45(1): 2-40.

Wang J, Wu K C, Mo J, et al. Remediation of a phonological representation de ficit in Chinese children with dyslexia: A comparison between metalinguistic training and working memory training [J]. Developmental Science, 2021, 24(3): 13065.

求之不得的"知心朋友"

——受困于"社交焦虑障碍"的孩子们

穆迪是小学四年级的女生,这本应该是一个活泼快乐、无忧无虑的年龄,可是她常常愁眉苦脸,似乎总有一种焦虑在心底。在班里她各方面都太普通了,论成绩很一般,人也没那么聪慧,性格有些内向,不善言辞,在人前感到很拘谨,上课的时候从不主动举手发言,老师一提问她就低下了头,即使被点名叫到,也总是低着头吞吞吐吐地回答,声音小到老师都听不清,常常脸蛋涨得通红,额头汗直冒,喘气都难,眼睛的余光都不敢瞄到周围的同学,感觉时间连同整个世界好像都停滞了,就想找个地缝钻进去。

下了课,她除了去趟厕所,一般都是静静地坐在自己的位子上发呆,默默地看着周围同学们打闹嬉笑,仿佛这些都与她无关。有时候老师会提醒她去加入同学们一起玩,她只是冲着老师勉强一笑,依然坐着不动。在她看来,这些好像都不属于她的世界。你再继续问她,她会淡淡地说:"我没事,挺好的!"放了学,同学们三三两两结伴回家,她就一个人背起书包,孤零零地往外走。偶然有同学跟她打个招呼,她也只是象征性地回应一下,没有主动去靠近谁,自己一个人走在边缘,跟所有的队伍都保持距离。

回到家,爸爸妈妈对她的第一句话总是:"去写作业吧。"她爸爸在银行工作,是一位领导干部。只要在家,他晚上就会坐在穆迪

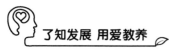

身边陪着她学习,看到有做错的地方就忍不住嗓门大起来,有时候甚至会咆哮,在学习这块对她非常严厉。穆迪最怕的就是父母问起学习,她的成绩不够理想,总是达不到爸妈的要求,看到爸妈难看的脸色、失望的叹气时,她大气都不敢喘,感觉空气都凝固了,简直是窒息的节奏。她也会认为自己的不争气,自责不已,"我如果能学习好,考得好,该多好啊!"可就是怎么也学不进去,看看答案好像都会,自己就是做不出来。有时候也想要努力学习,但坐下来就会心猿意马、胡思乱想,很快心神就不知道跑哪里去了,半天做不了多少作业,碰到不会的也不想去搞清楚,混过去算了。

爸爸妈妈在别的方面对穆迪都特别好,可以说是衣来伸手、饭来张口,家里什么活都不用做,什么事都不用她操心,只要一门心思学习就行。可是他们越是这样,穆迪越是觉得内疚,现在一提起学习她都有了恐惧感,学习成绩不行,又提不起学习的兴趣,越来越觉得自己就是个"学渣"。"怎么努力都没用的,肯定是学不好的,什么都不如别人,学习有什么用呢?努力有啥意义?我就是个没用的人,没救了",这样的念头常常萦绕着她。

班主任王老师看到穆迪也很头痛,这个女孩可能在家里从来不做家务,生活自理能力很差,连值日生都不会做,哪个同学跟她一起做值日都会抱怨,说她太懒了,干活总是躲在后面,做得马马虎虎,有时候别人还要重做一遍。老师一跟她提这个,她就会低头不语,满脸通红,话说重了她就眼泪汪汪的,表现出一副很无助无力的样子。班里同学都不愿意跟她交往,她也躲着别人,把自己缩在一个角落里,生怕引起别人的注意。

王老师看在眼里、急在心里,知道这是个恶性循环,这样下去她会毁了的。但她所有的办法都用尽了,从老师努力到班干部帮忙,道理跟她讲了无数遍,明里暗里的帮助也做了不少,但收效甚微。王老师一边心疼她,认为自己有责任帮她改变和融入;一边又有强烈的无力感和无助感,不知道该怎么做,好像怎么做都没用似的。

医生"贴己话"

医生对穆迪的情况进行了分析,考虑她的症状属于社交焦虑障碍的表现。社交焦虑障碍是一种常见的焦虑障碍,发病率在青少年个体中显著增加,主要表现为在社交或表演场合中的过度害怕,担心别人对自己的负面评价,以及伴有焦虑的躯体症状和社交回避行为。

穆迪的性格内向、不善言辞,对自己的学习、沟通技巧都自信心不足,经常容易产生自卑的情绪,这使得她在面对他人瞩目的社交环境时更容易感到焦虑。这种焦虑既可以表现为心理上的紧张、担心,也可以反映在躯体上的出汗、头晕、脸红等症状。在公众场合的躯体不适往往使得个体更容易焦虑,反过来又会影响她的社会功能,从而产生对社交活动的回避行为,形成恶性循环。

此外,穆迪的父亲是一位严厉的家长,在辅导穆迪作业有时会情绪不稳定,导致穆迪变得顺从,避免激怒父亲,这也是穆迪内向害羞的重要原因。父母一方面对穆迪生活上无微不至的照顾,一方面对她学业期望过高,使得穆迪产生心理落差,因此产生内疚感、缺乏自信。穆迪在学校遇到挑战后无法应对,也出现了抑郁、焦虑的情绪反应,影响了她的生活。

共筑孩子心理成长的内心花园

面对穆迪的困扰,医生建议穆迪和父母一起到精神科专科门诊就诊,进行系统的心理量表评估,判断目前情绪及人际关系影响程度,并进行心理干预。常用的心理干预技术包括:放松训练、社交技能培训、认知治疗等,可以帮助缓解或消除焦虑症状及伴随的躯体症状。对于穆迪的情况,在个体治疗之外,还可以结合家庭心理治疗,来改善亲子之间的沟通模式,缓解穆迪的心理压力。在治疗初期,如果存在明显的焦虑、抑郁情绪,也可以短期使用调节情绪的药物进行治疗。

咨询师"知心言"

从心理层面来看,目前穆迪很可能是因为学习不好,加上家庭和性格等因素,渐渐形成了很强的自卑感,进而出现自我封闭和社交退缩。这样的状况在这个年龄段的孩子身上是屡见不鲜的,可以借用心理学的方法和工具得到良好的解决。

首先,可以依靠专业的心理咨询介入。鉴于穆迪当前的情况,专业的心理咨询的介入是非常必要的。由于穆迪的困扰已经严重影响到了日常生活,并且生活中也缺乏有效的社会支持,所以需要与咨询师建立特殊的咨访关系以及专业的场所和工具加持。心理咨询并不是简单等同于"治病",它是在心理咨询师的陪伴下,运用心理学的方法和工具,遵循心理的规律,帮助人们实现心理成长和自强自立的过程。就本质而言,它是一种很有效的促进心理发展、解决心理问题的专业工具。

其次,可以创建良好的社会支持系统。在持续的个体心理治疗的过程中,父母、老师、同学等也起着重要的作用,友好的成长环境和社会支持,对促进穆迪心理的成长和改变起着重要的作用。

(1) 家庭层面:穆迪爸爸有个习惯,每天下午放学都会来接她,咨询师就借此机会与她爸爸进行了多次交流,倾听他的心声,理解他对孩子的期待和担忧,同时也与他一起分析穆迪这种性格形成的原因。慢慢地穆迪爸爸也开始反思自己的教育方式,看到了自己单纯看重学习成绩的害处,理解了穆迪是怎样陷入现在的心理状况的。他开始更多地去看到孩子的亮点与进步,表达中多了鼓励、少了指责,也不再设置那么严厉的成绩目标,开始让穆迪去做一些力所能及的家务了,她的自理能力在逐步提高,在家里与家人的互动交流也多了起来。

(2) 班级层面:利用心理辅导课、活动课的机会,我们设计了一些有针对性的心理活动,进行群体性的心理辅导,让同学们体会与人交往的重要性,掌握沟通的技巧,时刻秉承与人为善的态度,尊重和帮助比自己差的同学。身处于团体中,穆迪也感受到了来自同学们的善意和尊重,越来越放得开了。在课堂上,老师对于比较适合穆迪回答的问题,会特意给她一些发言的机会,让穆迪一点点提升自信,越来越多地体会到"学会就能回答正确"的良好感觉。老师还会在一些课程上对穆迪额外照顾,比如劳技课中会有合作完成的操作活动,老师就会专门关注穆迪所在小组的情况,鼓励同学们跟她搭档,协助她完成分配的任务。这些活动和举措都让穆迪体会到了前所未有的支持感和价值感,让她更有动力去参与和付出。

"原来我也有那么多的优点和价值啊,原来还有人会这么尊重我和欣赏我啊。"穆迪慢慢开始觉察到内心有种力量在萌发,曾经

有过的自信一点点回来了,也开始有兴趣关注班里的同学和老师。经过这样一段时间的心理咨询和各种辅助照顾,穆迪脸上的笑容多了起来,动作也活泼起来了,下课后可以主动与同学互动交往了,还会积极参与游戏;她的学习兴趣和主动性也在不断提高,不再轻易放过不懂的知识点,会主动找老师和同学答疑,会认真去自己完成作业,有时上课也会举手发言,敢大声说话。而家长也反映她在家学习越来越主动,不再反感家长在旁边,时常还会找父母交流讨论一下;对做错的题也不再藏藏掖掖,会主动提问求助;乐于把班级的事情讲给父母听;常常主动做一些家务。以前问她班里有没有好朋友,她总是躲闪着避而不谈,现在她会自信地说:"我有好几个好朋友了。"

 社会工作者"肺腑说"

在穆迪的社交焦虑障碍干预过程中,社工应以专业化的视角,深入剖析其内在的优势与潜能,并以此为基础,构建一套行之有效的干预策略。优势视角作为社会工作专业理论的核心之一,强调个体内在力量的发掘与潜能的释放,对于穆迪当前所面临的困境,具有极为重要的指导意义。通过后续的深入交流,可以发现穆迪其实具备诸多未被充分认识和发掘的优势。她在学习上展现出认真的态度,会主动寻求老师与同学的帮助,显示出强烈的求知欲与解决问题的能力。同时,在家庭生活中,她也逐渐展现出更多的主动性,愿意与父母进行深入的交流,这体现了她对于改变与成长的渴望。基于这些优势,我们可以为穆迪制定一套个性化的干预计划。这一个计划首先会引导她对自己的小世界内所有的社交对象列出并按照自己害怕进行沟通的顺序进行细致的梳理与排序。通过这一过程,穆迪能够直面自己的恐惧,更清晰地认识自己的内心世界。接下来,可以借鉴游戏化思维和代币制方法,将穆迪的社交进步设计成一系列有趣的任务和挑战,采用逐步推进的方式,帮助穆迪逐步克服社交焦虑。从穆迪认为进行社交最没有压力的人群以及最简单的社交场景开始,逐步增加难度,让穆迪在每一次的小的成功中积累自信和经验,在轻松愉快的氛围中实现自我成长。

在实施干预计划的过程中,需要注重发挥父母、老师、同学等社会支持系统的作用。通过加强与他们的沟通与合作,共同为穆迪提供一个温馨、支持力强的成长环境。这将有助于穆迪更好地应对社交焦虑障碍,实现心理的成长与自强自立。

(案例:臧伟胜　医生:郑　宏
心理:臧伟胜　社工:董文静)

臧伟胜　复旦大学计算机科学系本科,工商管理学硕士,上海师范大学应用心理硕士,中国心理学会、上海心理学会、上海心理卫生行业协会和中国性学会会员。从事心理咨询工作逾10年,重点关注各类自我探索与成长问题、儿童青少年心理问题、中年危机问题、情绪情感与人际关系问题等。

了知发展 用爱教养

共筑孩子心理成长的内心花园

郑　宏　华东师范大学附属精神卫生中心(上海市长宁区精神卫生中心)精神科主任医师、公共精神卫生教研室主任,华东师范大学兼职教授,担任长三角儿童青少年心理健康促进联盟常务秘书长等。具有丰富的儿童青少年精神病学、心理治疗、精神康复等学科的临床综合服务、实践教学指导和心理健康科普项目设计与执行的经验。

董文静　上海大学社会学院硕士研究生,主要研究方向为精神健康社会工作、社会工作理论与实务。

"回旋"的命运,"完美"的缺憾

——青少年"厌学"

阿拉贡(化名)名如其人,从小就是父母两个家族的希望。阿拉贡——一个名副其实的"别人家的孩子"。

阿拉贡的人生从他出生前就开始被谋划,有着惯常人们看不到的"前期精心塑形"的过程:阿拉贡的爸爸和妈妈都是高级知识分子,爸爸是博士毕业,在一家科研机构做开发部门的主管;妈妈"旗鼓相当",也拥有研究生学历,曾在一所外籍学校做老师。作为大学同学,他和她有着共同的志向和目标,恋爱时间很长,一直等到了一切都稳定下来,三十多岁了才准备结婚,强强相遇,就拉开了编写和演奏一曲"更强者"的人生交响乐的序幕。

第一乐章:"孵化"序曲

结婚之后,他们的共同目标就转向了孩子。经过双方共同的讨论和商量,他们决定采取传统的家庭分工——男主外女主内,由妈妈全心全意地培养孩子,而爸爸尽心尽力地赚钱养家,提供优渥的物质条件。因此,婚后他们就开始了备孕,双方都非常地注意饮食起居,按照他们能有的最好的标准进行准备工作。不负所望,他们有了一个漂亮健康的男孩子,双方都非常的开心,尤其是妈妈,她放弃了工作,等了这个孩子这么久,早就从心底里默默地做了一个决定:要好好地培养这个孩子。爸爸妈妈都希望孩子能青出于

蓝而胜于蓝,而且他们坚信,孩子现在已经站立在他们的肩膀上,肯定能够看得更高,走得更远。

第二乐章:"酝酿"前奏曲

阿拉贡就在这样一个美好且充满了期望的家庭中长大了,每天都有妈妈倾心的陪伴,也有市面上能买到的最新潮的益智玩具,阿拉贡自己也认为非常幸福。美中不足的是,爸爸在家的时间很少,但他仍然会抽时间和全家人一起去周边郊游,这是他最开心的时候了,能和爸爸妈妈一起享受三人的美好时光。

慢慢的,他发现了一个有趣的现象,爸爸妈妈平时并不怎么说话,但是只要谈起自己的时候,他们的脸上就出现了非常奇异的光彩,两个人也显得更加亲密。这让他知道了他自己很重要,他想要更努力地让爸爸妈妈的脸上有更多的光彩。

非常幸运的是,他发现自己的确很容易让父母高兴,尤其是在他认出一些符号的时候。虽然他也搞不清那些东西有什么神奇的魔力,但是他发现只要他能认识并背诵出那些符号,妈妈就会笑得异常灿烂,他喜欢妈妈的笑容,像太阳一样温暖而美好。很快,就要上幼儿园了,其实他并不想离开家,也并不想去陌生的地方,更不想离开妈妈。他也试着哭闹过几次,可是看到妈妈坚决的态度和忧虑的表情,他决定去上学来让妈妈的脸重展笑容。幼儿园没有他想象得那么可怕,老师和同学们虽然陌生但是并不可怕,尤其是他发现老师们也会教那些符号,而他早早的就认过了,于是很快他得到了老师们的认可、同学们的羡慕,还被称为"小天才",这时他看见了妈妈脸上又展露出了熟悉的笑容,他知道,只要努力认识那些符号,努力地让这些都保持下来,妈妈就会一直开心。

第三乐章:"高光"进行曲

上了小学以后,阿拉贡的成绩非常优异,妈妈也培养得更加起劲儿了。培养的内容不仅包括奥数、英语,还有时下流行的智能游戏编程等,她带着阿拉贡遍访各大名校名师,参加各种市内、国内甚至国际的比赛。阿拉贡有时候真的觉得很辛苦,很少有自己的时间。其他孩子休假的时候,他却奔波在各个学校或者考场上,他感觉有些累。有一次,在一个比赛之前,他表示他不想去了,随即妈妈脸上就露出了失望的表情,有大半天都没有和他说一句话。等晚上爸爸回家的时候,妈妈把他不想比赛的事情告诉了爸爸,之后爸爸便皱起了眉头,虽然没有骂他,但是那一晚整个家里陷入了一种沉默的压抑的氛围中,那一刻他突然觉得很害怕,同时也觉得自己很糟糕,他害怕家里的这种压抑,害怕爸爸妈妈的那种表情,他觉得都是他让世界变得黑暗了。于是,第二天他早早地起了床,把自己收拾完毕,并开心地喊爸爸妈妈起床,他决定要去比赛。此时,爸爸妈妈脸上的阴霾一扫而空,取而代之的是惊喜、兴奋。"没错,只要让家人开心,辛苦一点又怎么样呢?"他又一次做了决定,他要靠自己的努力让家里从此不再沉默与灰暗。他更加用力地投入到了学习和竞争当中,他不会让自己出一点点错误,得到了各种赞誉与奖项,爸爸妈妈的脸上就那样一直挂着为他骄傲的神情,他觉得自己的努力一点儿没有白费。

就这样,阿拉贡的学习之路一直顺风顺水,一流的小学,一流的初中,一路走进了第一流的高中,且进入了重点班,虽然在重点班他的成绩并没有名列前茅,但是毕竟这个班级里都是尖子生,最差的也能稳进985,每年高考有一半的人会走入清北复交这样的名校,美好的前程就在眼前。这时,妈妈偶尔就会看着已经长大的

他说:"你长大了,我很欣慰,不过你终于还是要离开我了。"有时也会非常落寞地坐在客厅的沙发上发呆,甚至参加一些看起来也不太有趣的小区活动。而爸爸也变得越来越忙碌,有时候一周都看不见爸爸一两次,偶尔准时回来,爸爸也不会和他或者妈妈说话,而是又投入到工作中去了。

第四乐章:"回旋"变奏曲

然而,命运的岔路时常在我们人生的道路上"不期而遇"。这不,没等阿拉贡考虑到这些,进入了高二以后,他的状态就产生了"回旋"样的变化。

随即,一切似乎都改变了……

刚开始,是在午后头部会传来阵阵的隐痛,阿拉贡想或许是因为学习太累了导致的,可能休息休息就好了。于是他在课间,逼迫自己趴在课桌上睡一会儿,而不是像往常那样翻开书复习或者预习。可奇怪的是,头疼并没有因此而好转,而是愈发的剧烈了起来。有时候睡醒头却变得更疼了,疼到他完全没有办法集中注意力听老师讲课,甚至那些他烂熟于胸的内容都变得特别遥远,原本不费吹灰之力做出来的题目,现在都好像是从没见过的符号。他的内心感受到了一阵恐慌,感觉到一直与他相伴的同学、学校,甚至整个世界都在缓慢地瓦解,不论怎么努力也许都拼不起来了。

刚开始的时候,他没有告诉妈妈,而是选择了自己忍耐,他不想看见妈妈担心的样子,乃至焦虑忙碌的身影。可是他真的扛不住了。有一天早上起床,他觉得头又疼又重,根本没有办法睁开自己的双眼。他跟妈妈说,能不能请一天假休息,他实在受不了这个头疼了。妈妈果然非常紧张,立刻拉着他去了医院。他忍耐着疼痛,做了各种检查,结果医生最后告诉妈妈,他一点问题没有,脑电图、CT的结果出来都是好的。他觉得非常惊讶,怎么可能呢,怎么可能一点问题没有,明明头是那么疼。在从医院回来的路上,妈妈阴沉着脸,还背着他给爸爸打了电话,他不知道他们讨论了什么,只看到妈妈眉头皱得更紧了。可是,他已经无力去做什么了,之前累积的那些信心、那些决心以及那意气风发的日子,都在慢慢地淡去,像是褪了色的照片。后来,又去了好多家医院,看了好多专家,包括精神科医院的专家,每个医生都给出了不同的诊断,开了不同的药,他已经不想搞清楚自己到底是什么病了,吃了不同的药,没有一种是能够帮助他缓解头疼的,除了睡觉。

阿拉贡仿佛看见妈妈爸爸在和不同的人交谈,也仿佛他们都在努力地和他交谈。可是,他却什么也不想说!!!

他就想把自己关起来睡觉,谁也不想见。是他让爸爸妈妈失望了,也让自己很失望,他没有办法去面对这个失望,只有睡觉是真的好啊!只要闭上眼睛,一切都远离他而去,在那边他能有一个让他自在的世界。等睡醒了,他用残留的一点点的力气去应付上学这件事,时而去,时而休息,可是那一切对此刻的他而言都不重要了。

从此,阿拉贡像变了一个人,他从一个天之骄子,变成了一个脆弱的"病人",家里的人似乎也同时都"变"了,爸爸之前一直忙着工作,现在却总是请假回家,陪着他和妈妈;妈妈呢,从之前落寞的样子,变成了现在惆怅的样子,哪儿也不去了,只要他不上学就会在家陪着他。不过,至少现在爸爸妈妈和自己都在一起了,虽然他们现在不是在郊外而是在家中,但是又有了一种久违的家的味道。

因此,当阿拉贡和父母一同走进了心理咨询室的时候,一家人似乎都深切地感受着命运"回旋"的意义——如果"爱"是一种守望

相助的终身承诺,那么,就在此刻,一家人的"心"似乎重新又回到了阿拉贡出生的时候。

医生的"贴己话"

本案例的主人公阿拉贡是一名高二的学生,平时遇到问题总是采取隐忍和克制的方式,但是当他出现一些抑郁情绪的时候,引发了一系列的身心失衡的状况,出现了"阈下抑郁"的表现,最终引发了厌学和拒学的行为。

"厌学"是指学生对学习活动有消极的认知、负性的情绪和行为,即学生对学习生活失去兴趣,对学习产生厌倦情绪而持冷漠态度甚至厌恶、逃避的心理状态及其行为上的不良表现,学习倦怠、拒学、休学、辍学等都是厌学行为的具体表现形式之一。

近年来,我国青少年厌学人数呈现明显上升趋势,兰州、南宁、天津等地对青少年厌学问题的相关调查中厌学检出率从44.8%、25.7%到27.7%分布不等;国内多位学者采用自编问卷对未成年人厌学情况进行了调查,在不同样本中发现,中小学生厌学率介于14.88%~54.6%之间,并随着年级增加,厌学情况加剧(郭志芳等,2011;孟四清等,2009;聂金菊,2005;徐能义等,2002),提示青少年厌学现象具有一定的普遍性。

在国外,相关研究主要关注了与厌学相关的消极学习心理和行为,例如学业倦怠、逃学、学校恐惧症和拒绝上学行为等。由于青少年厌学状况受到多种内外部因素影响,学界缺乏相对全面和系统的描述。在此背景下,骆宏等(2021)梳理国内外相关概念之后,提出厌学具有丰富的内涵和结构,其包括认知(如对待学习的消极态度和低成就感)、情绪(对学习的耗竭感和焦虑)和行为(学校出勤问题、逃学、拒绝上学行为)等成分;同时厌学也是一个动态发展的过程,从负性认知发展到消极情绪,最后表现为外在行为,严重程度逐渐增加。

相关研究显示,抑郁情绪与厌学的关系密切,抑郁障碍是青少年厌学的危险因素之一。虽然,厌学在临床儿童精神科未有明确的诊断标准,但研究显示,青少年抑郁特别是阈下抑郁常与厌学状况相伴出现或会加重已有的厌学表现:一方面,注意力不集中、记忆力下降、抑郁情绪等抑郁症状会干扰青少年正常学习活动;另一方面,部分抗抑郁药物在消化系统、神经系统中表现出的副作用也会增加青少年的学业负担。一项超过60万名丹麦儿童青少年的队列研究结果提示,罹患抑郁障碍的青少年群体的考试参与比例和学业成绩均低于健康学生群体,也更容易产生消极负面的学习行为,抑郁障碍严重影响青少年的自信心、学习参与度和学习成绩,如家长及学校由于不理解、不接纳导致应对不当,会进一步加重青少年的自卑和对抗,更不愿去学校上学。

因此,尽管厌学在临床儿童精神科未有明确的诊断标准,但研究显示,青少年抑郁障碍伴有厌学状况不仅会对青少年造成严重的身心、学业和社会功能的伤害,严重损害学生的学习体验和效果,同时也会给家庭、学校、社会也带来较大影响,需要家长和学校关注,亟待寻找可行之策加以预防和干预。

针对阿拉贡目前的状况,我们建议父母共同参与到他的治疗和康复之中,由精神科医生、心理咨询师、社会工作者等专业人员组建精神科多学科服务团队,与学校心理教师、班主任、志愿者等共同协作,帮助阿拉贡逐渐走出情绪行为的"泥淖"。

咨询师"知心言"

厌学、拒学的孩子,很难通过强迫的手段让孩子回学校,很多孩子的心理问题也并不典型,药物可以帮助孩子平复情绪,却很难支持孩子回到学校,因此还是需要父母的耐心与配合。

厌学、拒学的情况,更多地出现在青春期,情况各不相同,本文呈现的只是其中的一种状况——由于家长过度的期待给孩子的压力巨大而导致的崩溃。对如何帮助孩子复学,具体方案则因家庭而异。

厌学、拒学的孩子,需要有一个缓慢的复学之路,切记不能心急。先是搞清楚孩子的状况,其次是调节家庭关系,最后分步骤地帮助孩子复学。

根据临床经验来看,对于厌学拒学的孩子进行家庭治疗的效果,要优于单独对孩子一个人进行治疗。即便没有孩子的参与,父母改变了教养方式也一样可以帮助孩子复学。

社会工作者"肺腑说"

目前整体来说,阿拉贡学业倦怠的情况比较严重,情绪上感到非常疲乏、沮丧和挫败,并对学习产生强烈的厌倦和排斥的心理,而且对学习缺乏动力,奋斗目标不清晰。因此,建议家长能够鼓励他进行适度表达,改善学业倦怠的情况,除了学习以外,更要学会自我关爱,主要通过以下三个层面。首先,要尽可能多地参与日常感兴趣的活动;其次,觉察到自我状态,采用正念等方式,聚焦当下,探寻生活意义,尽可能友善地面对其他的人和事;最后,建议阿拉贡能适度放低对自我的要求,不制定过高的目标,恰如其分地了解和分析自己的长处和短处,积极发挥优势,找到"自我价值点"。

目前阿拉贡情绪状况不佳,处于抑郁状态,建议到正规医院就诊,同时监测自我情绪状况,平时多晒太阳、多运动,保持地中海饮食,每天至少要为自己做一件事情,通过"五感悦纳"的方式,即触觉、听觉、视觉、味觉和嗅觉,整合和疏导自我感知渠道,累积"正性情绪体验"。

建议父母鼓励和支持阿拉贡多去探索自我,给予更多自主选择的机会,对孩子要多提出"不带着负性情绪的要求",多做孩子的"啦啦队";建议继续增加自主性支持,多关心孩子的情感世界,在孩子遇到挫折的时候提供相应的指导,与孩子多交流,让孩子树立良好的失败观,给他提供更多的自主权,让孩子能够独立做决定,满足孩子的自主需要。

(案例:胡姚蕊　医生:郑　宏

心理:胡姚蕊　社工:郑　宏)

胡姚蕊　心理学硕士,上海三心草心理工作室创始人,上海心理学会理事、上海应用心理学会委员会委员。从事心理咨询 10 余年,擅长领域:婚姻家庭咨询(含伴侣与亲子,如青少年拒学厌学、行为障碍、夫妻关系修复等)、成瘾行为、抑郁或焦虑情绪。

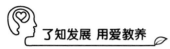

共筑孩子心理成长的内心花园

郑　宏　华东师范大学附属精神卫生中心(上海市长宁区精神卫生中心)精神科主任医师、公共精神卫生教研室主任,华东师范大学兼职教授,担任长三角儿童青少年心理健康促进联盟常务秘书长等。具有丰富的儿童青少年精神病学、心理治疗、精神康复等学科的临床综合服务、实践教学指导和心理健康科普项目设计与执行的经验。

参考文献

郭志芳,盛世明,郭海涛.农村小学生厌学现状及影响因素[J].教育学术月刊,2011(9):58-60.

孟四清,陈志科,李强.天津市中小学生厌学状况的调查[J].天津市教科院学报,2009(3):46-49.

聂金菊.农村初中生厌学行为调查[J].中国教育学刊,2005(2):29-32.

徐能义,李香兰,关明杰.包头市1 460名中学生厌学及其影响因素调查分析[J].包头医学院学报,2002,18(3):184-186.

究竟谁能懂我的"痛"

——青少年躯体疼痛障碍

今天开诊就有一位家长带着正在上初中的女儿匆匆赶来,女孩子名字叫芭芭拉,今年13岁。半年多以前,期中考试刚刚结束,在上课时她突然感觉浑身疼痛不适,头痛、心痛、胃痛、手麻的感觉仿佛一拥而上,芭芭拉被家长紧急送到了医院急诊,经过全身系统的检查,没有查出明显的异常。但从此之后,芭芭拉就像被病魔缠住了,每隔一段时间,她就会经历一次这样的"浑身不舒服",医生说没事,但芭芭拉却不这么认为,这样的不舒服已经明显影响了她的学习和生活,她总是担心自己会一下子离开这个世界!每每想到这些,芭芭拉就禁不住感到害怕和恐惧,整个人都会紧绷起来。每个月她至少要去2~3次医院检查,反复确认身体没有异常。芭芭拉总在惶惶不安中等待下一次的发作,为此,她的父母也感到非常苦恼,就带她来到了心理门诊。

🔍 医生的"贴己话"

芭芭拉的病看上去是身体某些器官出了问题,但反复到医院做检查并没有发现明显的异常,那么困扰她的这个看不见摸不着的病症到底是什么呢?其实,芭芭拉的状况在儿少咨询和门诊之

中并不少见,经过医生团队初步确定,芭芭拉罹患了躯体症状障碍(somatic symptom disorder,SSD)。该病症的主要特点是持续时间较长,涉及多个器官系统,其躯体不适的表现具有多样性、反复出现、经常变化的特点。

患有SSD的个体在就诊于精神科门诊之前,往往在各大综合医院门诊兜兜转转了许多科室,但医学检查找不到足以解释患者躯体症状的器质性病变,或者病变程度与患者的症状表现严重程度并不相符。像芭芭拉感受到的浑身疼痛不适、头痛、心痛、胃痛、手麻等症状都具有重复性、多变的特点,但并没有检查出患者有相应器官的病变。有时患者会因检查无法明确原因而愈发感到焦虑,症状也就越来越严重。因此,SSD患者也常常会伴有一定程度的焦虑情绪,甚至会伴发急性的焦虑发作。

关于SSD的病因,有学者认为认知因素可能起到重要作用,SD患者通常对疾病持有不正常的观念,认为严重疾病是常见的,并倾向于将自身的任何生理变化错误解释为疾病的信号。他们相信自己容易患上各种各样的躯体疾病,对身体的异常感觉通常比其他人更强烈,同时也更加关注躯体症状,认为这些症状有可能是灭顶之灾。

SSD患者的治疗可以通过心理治疗和药物治疗两个方面来治疗。心理治疗包括支持性心理治疗、认知行为治疗等。通过治疗可以让患者逐渐了解所患疾病的性质,改变其对疾病的认知偏差,减轻心理因素的影响,对自己的身体情况和健康状态有相对正确的评估。药物治疗主要针对患者在疾病过程中的抑郁、焦虑情绪,同时可以缓解患者的躯体疼痛等不适感,可选择适合患者的抗抑郁、抗焦虑药物进行治疗。

咨询师"知心言"

躯体疼痛障碍的产生,并非由于器质性病变,而是内心的情绪无法得到表达,心理冲突没有解决,只能以躯体化的形式表现出来。在后续的发展中,身、心状况会相互影响,心理冲突会引起躯体疼痛,而疼痛可能又会引起一系列负性情绪,对心理产生负性影响,家长需要对孩子的身心状态进行关注。

一、理解孩子的情绪状态

由于躯体疼痛和心理状态相互影响,所以家长了解孩子的情绪具有重要意义。有疼痛症状的孩子可能产生焦虑、抑郁或愤怒情绪。他们对于自己的身体可能会有很多担心:疼痛会加剧吗?身体会变差吗?这样的症状会一直持续吗?除了身体的疼痛,孩子也可能会担心,人们不相信他们正在遭受痛苦,这容易让孩子感到恐慌。如果症状持续时间长,没有好转或者治疗效果不佳,孩子的负面情绪可能加剧。此时如果家长否认、忽视他们的感受甚至加以苛责,则会让孩子感到孤立无援,加剧其负性情绪,使其症状更加严重。所以,作为家长需要认真倾听孩子的感受,理解他们的疼痛,这能够让孩子感到充足的安全感,也能让他们学会合理地表达自己的情绪,更有力量应对疼痛。

二、看见孩子的内在需求

除了带孩子寻求专业帮助,照顾好孩子的饮食起居外,也需要关注孩子的情感需求。很多时候家长急于向外寻求帮助却忽略了

和孩子的沟通,觉得不论孩子有什么样的表现,只要不阻拦就好,表面上是顺从孩子的想法,但是实际上却没有了解这些行为背后的需求。这样的结果可能是家长付出了许多时间与精力,却没有真正地帮助到孩子。躯体障碍的治疗并非只是家长或孩子单方面的努力,而是需要双方相互沟通、协作。因此家长需要注重与孩子的交流,了解孩子的真正需求,双方向着共同的目标一起努力。

三、学习疼痛的应对策略

当疼痛是不可避免时,可以通过一些方法减少痛苦。家长可以与孩子一起学习应对方法,例如放松训练、正念冥想、分散注意力、想象、激励性自我对话等。家长与孩子一起做也能够给孩子更多安全感,让孩子的疼痛得到缓解,以此减少对疼痛的恐惧。

四、平衡孩子的活动安排

一方面,家长可能需要避免让孩子参加过于剧烈的运动,但也不能过度保护。由于担心孩子产生疼痛感,家长可能会避免让孩子参与过多的活动,但这可能不利于孩子的身体健康,也会加重孩子对疼痛的恐惧。同时,缺乏正常的社交活动,可能会使孩子的社会功能受损。

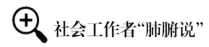

躯体症状障碍病因学机制是十分复杂的。除了个体的生理因素外,负性生活事件、不当的家庭养育方式都有可能成为躯体症状

障碍患者发病的诱因。在本案例中,芭芭拉的不适躯体症状出现在学校的期中考试后,这表明考试以及学习很有可能已经给芭芭拉带来了极大的心理压力,需要通过开展相关的教育和认知干预活动帮助芭芭拉了解躯体症状障碍的本质和原因,纠正其对自身症状的误解和过度担忧。通过相关的医学知识和心理健康知识的讲解,让芭芭拉认识到自己的症状并非器质性病变所致,而是受心理及周边环境影响。社工可以教授芭芭拉一些有效的自我调适技巧,以帮助其更好地应对日常生活中的焦虑和压力。这些技巧包括正念、深呼吸法、系统的放松训练以及积极思维的培养等。

家庭作为儿童社会化的重要场所,通过潜在或外显性的方式影响儿童性格的养成。在许多患有躯体症状障碍的青少年的家庭中,父母角色的教养、照顾、情感支持以及行为示范等功能都存在失调现象,例如经常说教甚至打骂子女,习惯性忽略子女的表达与需求,对子女要求过高给予过大压力,长期在家里营造紧张压抑的氛围等。如果父母在儿童成长过程中未能承担起相应的责任,儿童与父母之间的信任和依恋关系极易被延迟或破坏,儿童的健康心理也会出现失调问题。对于此类状况,社工将用结构式家庭治疗模式进行介入,纠正父母错误的教养模式,培养良好的互动意识,营造温馨和谐、充满信任的家庭氛围。

(案例:郑　宏　医生:郭　茜
心理:吴泠伶　社工:董文静)

了知发展 用爱教养

共筑孩子心理成长的内心花园

郑 宏 华东师范大学附属精神卫生中心(上海市长宁区精神卫生中心)精神科主任医师、公共精神卫生教研室主任,华东师范大学兼职教授,担任长三角儿童青少年心理健康促进联盟常务秘书长等。具有丰富的儿童青少年精神病学、心理治疗、精神康复等学科的临床综合服务、实践教学指导和心理健康科普项目设计与执行的经验。

郭 茜 上海交通大学医学院附属精神卫生中心副主任医师,医学博士,二级心理咨询师。主持国家自然科学基金青年项目及多项市级和院级科研项目,获 2020 年上海市科技进步一等奖。以第一作者或通讯作者发表 SCI 论文 11 篇。

吴泠伶 华东师范大学应用心理硕士,高校心理咨询中心兼职咨询师。具有心理辅导与服务中级证书,担任儿童青少年 IPT 团体、厌学沙盘团体、成长型思维团体助理,持续进行个人体验、咨询及督导等工作。

董文静 上海大学社会学院硕士研究生,主要研究方向为精神健康社会工作、社会工作理论与实务。

易得的"爱",却为何化为"一道道的伤痕"

——儿少期非自杀性自伤

在一个看似寻常的夜晚,小星独自坐在窗边,月光洒在她纤细的手臂上,映出十几道暗红的瘢痕。这些瘢痕,像是她无声的呐喊,记录着她内心的挣扎与痛苦。

小星从小就生活在一个充满争吵的家庭中,父母的冲突像是一场无休止的战争,让她感到无处可逃。起初,小星曾试图调解父母的矛盾,但所有的努力,只会换得一句"大人的事,小孩子不要管"。后来,伴随着战火一步步地升级,小星愈发地感到无力,只能默默地回到自己的房间,用书本和作业来隔绝外界的喧嚣。

然而,随着年岁的增长,学业的压力也如影随形,压得她喘不过气来。小星曾是个成绩优异的好学生,一直是班级中的佼佼者,父母也总是以小星的成绩为傲。但步入初中以后,小星总是感到学习上力不从心。尽管她非常地努力,但上课总是忍不住走神,同时会越来越频繁地出现失眠、头痛、吃不下饭的情况。伴随着成绩的不断下滑,小星的内心也越来越孤独和脆弱。她渴望得到理解和关心,但因为内向的性格,小星很少愿意主动和人交往,几乎无人能懂她的心事。

于是,小星找到了一个宣泄的出口——自伤。每当她感到无法承受时,她就会用小刀轻轻地在手臂上划上一道,仿佛这样就能将内心的痛苦转移到身体上,让心灵得到一丝解脱。小刀每次划过手臂后,她都会感到一种莫名的平静,仿佛整个世界都安静了下来。

一天晚上,小星又一次拿起了小刀。她看着手臂上那些新旧交织的划痕,心中涌起一种莫名的快感。就在这时,她的父母突然闯进了房间。他们看到小星手中的小刀和手臂上的划痕,愤怒和担忧涌上了心头。

"你这是在干什么?为什么要这样伤害自己?"父亲怒吼道。

小星没有回答,她只是默默地收起小刀,把头埋进膝盖里。

看到小星手臂上那一道道血色的划痕,父母的心几乎都要碎了。他们想不通小星为什么要这么做,更不知道接下来该怎么办才好。于是,他们开始禁止小星接触任何与刀相关的东西,试图通过这种方式来阻止她的自伤行为。但小星并没有因此而放弃。相反,她变得更加叛逆和沉默。每当父母试图与她沟通时,她总是以冷漠的态度回应,甚至用更频繁的自伤行为来表达她的不满和抗议。她觉得自己已经被世界抛弃,只能用自己的方式来表达内心的痛苦。

父母怎么都没有想到,曾经令他们引以为傲的女儿,居然变成了现在的样子。可该用的办法都用过了,没有任何效果,他们感到束手无策,不知道该如何帮助女儿走出这个"怪圈"。

🔍 医生"贴己话"

青少年时期是个体身心迅猛发展的关键阶段,也是情绪波动

剧烈、容易采取极端行为的时期,其中非自杀性自伤行为就是常见的极端表现之一。非自杀性自伤(non-suicidal self-injury, NSSI)是一种特定的行为模式,是指个体在无自杀意愿的情况下,故意对自己的身体造成伤害,这种行为通常不被社会和文化所接受。近年来的研究指出,非自杀性自伤行为多发生在青春期,尤其是14～24岁这一年龄段内。在性别差异上,目前的研究结果尚未形成一致结论,有研究显示男性自伤率高于女性,但也有研究得出相反的结果。在自伤的表现形式上,女性主要倾向于切割和抓伤,而男性则更可能选择击打和灼伤。针对我国中学生的一项 Meta 分析指出,2007～2016 年我国青少年 NSSI 的总检出率为 27.4%,并且在 2012 年及之后呈现出显著的增长趋势。特别是在新冠疫情的影响下,近年来 NSSI 在青少年中的发病率更是显著上升,成为全球范围内日益普遍且紧迫的公共卫生挑战。

根据研究结果显示,青少年表现出非自杀性自伤行为的背后,往往是多种因素相互作用的结果。这些风险因素来自个体、家庭、学校和社会等不同方面。

一、个体层面

关于个体层面的影响因素多集中于青少年的人格特质、认知与情感能力、现实生活压力以及相关生理因素。

首先,在人格特质方面,有研究表明,高冲动性和低自我意识与非自杀性自伤行为显著相关。这是因为非自杀性自伤行为被认为是一种能够迅速缓解负面情绪的方法,那些容易冲动的人,为了迅速减轻自己的负面情绪,更可能不考虑长远的后果而去尝试这种行为。而自我意识包括自我评价和自我控制两个方面,当一个人的冲动性很强时，他们可能会对自己的评价很低，自我控制能力也很差，从而具有更低水平的自我意识。此外，也有研究表明内向的性格、不太成熟的应对方式、更严重的抑郁和焦虑症状，以及边缘性人格特质，这些都可能让个体更容易实施非自杀性自伤行为。这可能是因为当具有这些特质的孩子遇到很大的情绪压力时，找不到合适的方式来缓解内心的冲突。

其次，在认知与情感能力方面，有研究发现，出现非自杀性自伤行为的青少年在理解和推理情感以及处理信息的能力上有所受损，且更难识别和描述自己的情感。另外，那些更容易自责、责怪他人、反复思考负面事情和过度担心坏事发生的青少年，也会更容易出现自伤行为，因为他们更倾向于采用一些负性的认知情绪调节策略。

第三，在现实生活压力方面，相关研究表明，对于抑郁的青少年个体来说，感受到的压力越大、对自己的同情心越少时，他们进行自伤行为的风险就越高，且近期遭遇负性生活事件也会增加他们自伤的风险。

最后，在生理因素方面，有研究者测试了自伤青少年的皮肤疼痛感觉，发现皮肤疼痛感觉低也是他们自伤行为的一个风险因素。还有一项研究发现，睡眠问题和抑郁症状同时出现会增加中学生自伤行为的风险，这说明睡眠质量与青少年抑郁患者的自伤行为也有很大关系。

二、家庭层面

在家庭方面，一些不好的童年经历，比如被虐待、被忽视、父母离婚、家庭暴力或父母滥用药物，这些都可能增加青少年出现自伤

行为的风险。另外,父母的教育方式也很重要。如果父母经常惩罚孩子、过度干涉或保护,或者拒绝承认孩子的感受,这些都可能对孩子的自伤行为产生影响。

三、学校和社会层面

从学校角度来看,青少年在学校被同学排斥或侮辱,或者受到身体或言语上的欺凌也可能会增加他们自伤的风险。同时,如果师生关系不好,也可能导致孩子更容易出现自伤行为。

在社会因素中,最容易使青少年受到误导的高危因素是不恰当的媒体宣传和不良网站。有些媒体为了吸引人们的注意,会过分夸大青少年自伤的情况,并详细描述细节。由于一些青少年的辨识能力还不够强,他们可能会被这些信息误导。当他们感到情绪无法释放时,可能会模仿媒体报道中的行为,从而导致非自杀性自伤行为的发生。另外,对某些青年亚文化的认同,比如硬汉、哥特风、朋克风等,也可能影响青少年,导致出现自伤的行为。对于青少年来说,新鲜事物往往充满着吸引力,但他们可能还缺乏正确看待事物的能力。如果媒体和网络给出了错误或误导性的信息,那么这可能会加剧非自杀性自伤行为的流行。

 咨询师"知心言"

克朗斯基团队提出了一个二因素结构模型,用来解释非自杀性自伤行为的主要动机。这个模型包括两个主要部分:自我强化功能和人际强化功能。

自我强化功能是指青少年可能通过自伤行为来调节情绪、获得控制感，并预防自杀。非自杀性自伤行为被视为一种快生命史策略，即个体将短暂的满足置于长期利益之上，对一些人来说，非自杀性自伤是一种短暂的心理放松方式，可以让他们暂时摆脱负面情绪。研究表明，那些主要依赖非自杀性自伤来实现自我功能的年轻人，更有可能长时间持续这种行为。此外，患中度和重度非自杀性自伤的青少年普遍认为，自我惩罚和抗解离也是这种行为的目的，这些也都属于自我功能领域。因此，自我功能的实现对非自杀性自伤行为的持续和严重程度有显著影响。

人际强化功能是指青少年可能通过自伤行为来吸引他人注意、更好地融入某个群体，从而满足社交需要。他们可能觉得，通过展示自伤行为，可以表达自己内心的痛苦、惩罚他人或对他人施加影响，然而，这也可能导致他们更加孤独或被排斥。因此，对于有自伤行为的青少年，我们需要深入地了解他们的人际关系状况，并提供有针对性的心理辅导和社交技能训练，以帮助他们建立更健康、更积极的人际关系。

综上，在对孩子的自伤行为有了充分的理解之后，我们可以看出，自伤其实是孩子在面对自己应付不了的处境时，因为暂时想不到更好的方式，而采取的一种自我调节策略。很多孩子在自伤之后，其实心里也会产生强烈的羞耻感和恐惧感，如果这些感受不能被身边的人充分地理解和接纳，孩子在心理上便会面临更加沉重的压力，进而导致自伤行为愈演愈烈的恶性循环。

作为家长，当发现自己的孩子存在自伤行为时，不要着急地使用家长的权威进行规劝，这会让孩子觉得父母站在了自己的对立面，出于保护自己的目的，孩子可能会更加坚持自己的行为来反抗父母，正如案例中的小星。因此，父母真正需要做的，是对孩子的

共筑孩子心理成长的内心花园

自伤行为表达充分的好奇和关心,去深入地理解孩子行为背后的动机,理解孩子此刻正在遭遇的处境,理解孩子在自伤前后头脑中的想法和身体上的感受,让孩子真正感受到父母是关心自己、和自己站在一起的。在了解了孩子的处境后,作为家长,也可对他们面临的困难和处境给予适当的帮助和指导,和孩子一起积极地思考解决问题的方法和策略,也可分享一些自己成长过程的故事和经验,引导孩子从积极的视角看待挫折,帮助孩子树立克服困难的勇气和信心。当家长感受到孩子遇到的困境已超过自身的调适能力时,也可积极为孩子寻求学校、医院等其他渠道的社会支持和专业帮助,积极协助好医生、心理治疗师对孩子开展专业的援助工作,同时尽力为孩子提供一个稳定、安全、和谐的家庭氛围和生活环境。

需要不断强调的是,家庭环境对孩子的情绪成熟和适应能力有很大影响,特别是亲子关系。作为父母,我们不应该只关注孩子的学业成绩,而是应该更加重视他们的心理健康,尊重和理解孩子,尝试从他们的角度思考问题,了解他们的需求和感受。同时,发掘孩子的兴趣和天赋,让他们在自己喜欢的领域得到更多的发展机会。只有这样,孩子才能更好地成长和发展,成为更加自信、独立和有价值的人。

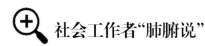

预防和干预青少年非自杀性自伤行为是一个综合性的任务,需要个人、家庭、学校以及整个社会各个层面共同参与和协作,形成合力,以确保青少年的身心健康和全面发展。

一、学校层面

首先,学校需开展心理测评以识别青少年的心理问题,利用特定的问卷工具来评估自伤行为和其他相关因素、学生遭遇的欺凌情况或家庭养育环境等。其次,学校可实施心理辅导以减少青少年的非自杀性自伤行为,特别是通过认知行为疗法来调整非自杀性自伤学生的思维、教授他们应对压力的技巧,并培养学生独立解决问题的能力。最后,学校可投入更多资源开展各种心理健康教育活动,以此来增强青少年的心理适应能力和积极心理品质,从而减少自我伤害行为。

二、家庭层面

首先,学校应重视和加强对家长的教育,帮助他们掌握心理健康教育的知识和技巧,这样,家庭就能在孩子的成长过程中发挥更加关键的作用,为他们提供更好的社会支持。其次,家庭往往与个体的发展紧密相连,是一个非常重要的环境系统,家庭氛围和亲子关系对青少年的心理健康至关重要。因此,父母需要采用积极、正确的养育方式,与孩子建立良好的亲子关系,例如,父母可以通过言传身教、合理期待和有效沟通来培养孩子的性格和情感成熟度。然后,家长可将挫折教育纳入家庭的教育内容,通过创设挫折情景,帮助青少年培养坚韧乐观的品质和抗挫折能力,并且密切地关注孩子的心理健康及其所面临的困难。最后,减少欺凌行为也是预防非自杀性自伤行为的重要一环,家长应密切关注孩子在学校的学习生活,包括与同学和老师的交往关系及网络行为,通过提供情感支持、监督网络行为等方式,减少青少年受到校园欺凌和网络欺凌的可能性。

共筑孩子心理成长的内心花园

三、社会层面

首先，政府应制定相关法律法规，促进青少年的健康成长。目前，《中华人民共和国家庭教育促进法》和《中华人民共和国未成年人保护法（修订版）》已明确了家庭教育和网络保护的责任，因此，思考如何能将这些法律真正落到实处对预防非自杀性自伤行为的发生至关重要。例如，政府可以增设专门的部门来处理欺凌问题、在网络平台上设置相关词库以便及时干预、自动删除危害青少年的内容等。其次，政府可通过媒体宣传相关法律法规，增强青少年对自身权益的保护意识，教会他们在遭受不良行为时学会有效应对。最后，政府可建立透明的网络监督体系，让公众能够通过反馈电话、网络平台等渠道报告处于危机中的青少年，以便能够及时发现并干预非自杀性自伤行为，保护青少年的身心健康。

（案例：郑　宏　　医生：郑　宏
　　心理：王　楠　　社工：王　楠）

郑　宏 华东师范大学附属精神卫生中心（上海市长宁区精神卫生中心）精神科主任医师、公共精神卫生教研室主任，华东师范大学兼职教授，担任长三角儿童青少年心理健康促进联盟常务秘书长等。具有丰富的儿童青少年精神病学、心理治疗、精神康复等学科的临床综合服务、实践教学指导和心理健康科普项目设计与执行的经验。

王　楠 华东师范大学应用心理专业硕士在读,儿童青少年心理咨询师、儿童游戏咨询师,上海市心理学会临床心理专委会会员。

无用的躯壳，空心的自己

——青少年重度抑郁障碍

"你不行的！""怎么可能这是你做出来的！""你在说谎，哈哈哈哈！"15岁的林方烁一闭上眼睛，无数类似这样的声音就涌过来，他原本就脆弱的内心就像在被一片片的刀子划，还伴随着班主任老师的嘲笑、父母的指责。林方烁拿起一把刀，想朝自己的肚子戳进去，但刀尖碰到自己时，又退缩了，他，怕疼。

三周前，初三期末前摸底考试，林方烁的数学考了95分，而平时，他的数学成绩一般都是在及格线，这样的进步，对于林方烁来说，似乎终于让他扬眉吐气。一直以来，他渴望成绩能提高，能向父母、老师证明，自己是有用的人！最近上的课外辅导班来了一位自己很欣赏的老师，老师不但教会了自己一些实用的做题方法，还经常夸自己在数学方面有能力，鼓励他先看到题目背后的规律，再尝试去答题。而这次考试的题目正好可以用最近学到的方法，林方烁非常顺利地考完了，最后的成绩果真出乎意料的好，大获全胜。

那一幕又在林方烁眼前出现了，课堂上，班主任在发卷子，喊名字、报考试分数。"林方烁……95分"，班主任明显停顿了一下，然后冷冷地看向他，"是你自己做出来的吗？"林方烁本来抬着的头，被老师这样的眼神扫过来，立刻不由自主地低了下去，他内向，不善言辞,更别说争辩了,他只是怯生生地说:"李老师,是我自己做的。"班主任看向这个平时在班里不太说话,成绩从来没有好过的学生,她刚才问这句也就是随口一说,但看到他低头心虚的样子,这不明摆着就是没有说实话吗!被我问中了吧,就是抄的!班主任莫名的怒火冒上来,冷冷地说了一句,"你是在说谎吧,就你这个样子,能考95分?谁信呐!"林方烁心口就像被重击了一下,他不敢反驳,默默地拿着卷子回到了座位。

回到家里,他止不住地哭,妈妈过来问了原因,林方烁如实说了。妈妈一直把学习成绩、儿子在学校的表现作为他是否优秀的标准,她一直和林方烁唠叨的一段话是"你看看隔壁的张伊一,又考了满分,你呢,60分,还好意思回家!"这次看到儿子的哭,一向相信老师听老师话的她,觉得这回儿子应该没有骗人,但她又不知道怎么办,想要找班主任又怕老师不相信,也怕和老师的关系搞僵。她内心焦虑,对林方烁说:"男子汉,哭什么哭,你既然没有错,那当时怎么就不说呢?你老是不说话,这回吃亏了吧!你看看你,越哭越厉害,哭能解决问题吗?"妈妈的唠叨,让林方烁的心更加烦乱。

从小,爸爸妈妈很少有说自己好的时候,学习成绩考得好一些,爸爸妈妈认为那就是应该的,一旦考得差一些,爸爸就毫不含糊地出手打。爸爸还有个爱好是喝酒,酒一喝多,常常怎么看儿子怎么不顺眼,骂骂咧咧,有时候甚至还拿鞋扔向他。妈妈就喜欢一直唠叨,"你不行,就是不如人家,没用了"。而似乎他们越是这样,林方烁成绩越好不起来,自己永远是那个"不行的",在家里各种不行,在学校里也是不行。他变得越来越沉默,退缩回避,父母唠叨什么他就麻木地听着。因为反驳也没有用,反而会变本加厉。

共筑孩子心理成长的内心花园

　　林方烁几乎没有朋友,每天回到家,最希望做的事就是躲进自己的房间,反锁住,在房间里玩手机游戏。手机游戏,他认为很无聊,那些场景玩法的设计时常让他觉得很蠢,但他发现只要沉浸在游戏中,他才可以暂时忘掉一切烦恼,听不见父母的唠叨,不用管学习的压力,而且最最重要的,他发现在游戏中自己是"很行"的,他可以大杀四方,很快通关,引来小伙伴的一阵阵羡慕,他感觉到在那个世界里,自己的存在才有价值。

　　林方烁带着被班主任误解的委屈,把自己关进了房间,打开手机,进入游戏世界,希望可以忘记数学考试给自己带来的那些痛苦,考得不好被骂,考得好被怀疑,学它干嘛!过了一会儿,妈妈推门进来,林方烁一个激灵,赶紧想把手机藏起来,他知道妈妈最恨他打游戏,只想着玩不想着学习。刚才竟然忘记锁门了!妈妈看到他玩游戏怒火就不打一处来:"好好的数学成绩,你不想着和老师去解释,就知道玩游戏!你怎么这么不争气!你还能有点出息吗!"妈妈一下子把手机抢过来,狠狠地向地上摔去,手机一下子碎了。妈妈知道,之所以摔,是自己真的不知道怎么办了,她知道儿子受了委屈,但不知道怎样能帮到他,本想进房间和他商量怎样去和老师说,但没有想到他还是在玩游戏,恶习难改,都不知道说了多少遍了,他怎么就是不听呢!自己的事情自己从来都不操心,都得妈妈来,想到这怒火就不打一处来。

　　林方烁先懵了一会,然后发狂似的把妈妈硬推出自己的房间,"哐当"关上门。他感觉世界彻底崩塌了,自己大脑已经不受自己控制,有一团火在身体里燃烧,蔓延开来。过去,他一直憋屈地隐忍着,这次,他觉得自己有点扛不住了,他抓起房间里所有看到的能拿得起来的东西,狠狠地摔在地上,摔碎的声音激荡在空气中,他居然觉得如此悦耳动听,他被自己吓到了,从来没有发生过这种事情,但他停不下来,他就要不停地摔摔摔！噼里啪啦,满地狼藉,他不知道过了多久,也不知道自己拿起的是什么,就觉得什么都不要存在了,都毁了算了,留着有什么用呢！

当终于没有物品还能摔时,他慢慢地瘫软在地,冷眼看着这一切,夜已经很深了,他觉得自己好孤独,好脆弱,好无助,眼泪止不住的流,一个声音在嘲笑他"你不行,这怎么可能是你能做出来的",另一个声音在说"去死吧,活着有什么意义呢"。他觉得自己已经没有办法面对这个世界,"没有人真正的在乎我,没有人喜欢我",这个世界如此冷漠,如此对自己刻薄、不公,而想想自己都15岁了,还是一无是处,永远无法满足父母的期望,永远无法让老师满意,我好像就是个错误！卑微苟活了15年,好像今天才是真正的自己……

后面的几周,林方烁只去上了几天学,他看到班主任,看到任课老师,还有那些本来平时就不太交流的同学们,似乎都在嘲笑他,那些声音,总是在耳边浮现,"你在说谎,你根本就不是学习的料"。他觉得自己无法再回到学校了,甚至打算永远都不上学了。在家里,就关上房门,只是睡觉、吃饭,每天会哭一阵,也不知道为什么哭。觉得实在难受,控制不了,就摔东西,狠狠地摔。一到晚上夜深时,就有一个声音在耳边浮现"去死吧,活着有什么意义呢",爸爸妈妈完全被林方烁吓坏了,不敢多说什么,慌慌乱乱地四处求助,小心翼翼地劝儿子去就医,每次都被林方烁怒吼回来。爸妈不知道发生了什么,不知道为什么孩子会变成这样,他们只是隐隐的觉着,自己一定是做错了什么,才导致了这样的结果！

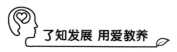

共筑孩子心理成长的内心花园

医生的"贴己话"

抑郁是个体心理健康的核心指标(海曼等,2015),它不仅会增加青少年自杀和物质滥用的风险,还会损害他们的社会关系、认知功能和学业表现。具体来说,当青少年抑郁水平较高时,他们很可能会出现同伴交往困难、功能性认知失调、学业成绩下降,甚至自杀等现象(Avenevoli et al, 2008; Conway et al, 2006; Owens et al, 2012; Schacter & Juvonen, 2017; Thapar et al, 2003)。此外,抑郁水平高的青少年随后发展出抑郁症、焦虑症等情绪障碍的可能性更大(Jinnin et al, 2017; Lee et al, 2018)。抑郁对青少年健康发展带来诸多负面影响。

虽然已有研究一致发现抑郁对青少年身心健康带来诸多消极影响,但这些多为横断研究,在一定程度上忽视了青少年抑郁的动态发展变化过程及其影响因素。抑郁的素质-压力理论认为,抑郁发生有两方面原因:一是个体的抑郁性素质(如应对方式、人格、归因方式、生物素质等);二是压力生活事件(如学习困难、目睹死亡、父母离婚等)。压力生活事件是导致青少年抑郁的重要外在环境因素(Thapar et al, 2012),它是指个体在日常生活中遭遇到的各种威胁和挑战,超出或损害个体心理或生理承受能力的事件或情境。这里的"压力事件"主要分为急性和长期两类,急性压力事件主要包括突发重大事件、家人突然逝去和被欺凌等;长期的压力事件多为慢性学习压力、社交压力和家庭环境压力。众所周知,儿童青少年的成长并非是孤岛,往往收到家庭、学校和社会的多种影响,而且不同年龄或是性别的儿童青少年的压力来源也不尽相同。

研究发现,他们遭遇到的压力事件累积越多,产生负性情绪,诸如抑郁、焦虑、愤怒等的可能性就越大。从儿童青少年发展的角度来看,考察不同层面的环境因素如亲子关系、师生关系、同伴关系等,对了解儿童青少年抑郁的影响关系,提高应对能力至关重要。如良好师生关系和同伴接纳,与儿童青少年的抑郁水平呈显著负相关,而显著的同伴关系的困难(如同伴拒绝、同伴侵害)可以显著正向预测儿童青少年抑郁、孤独和适应不良等心理困扰。此外,父母不同的教养方式和亲子互动关系也对儿童青少年抑郁的发生和发展产生了重要影响,研究显示温暖的养育方式与儿童的抑郁水平呈显著负相关;遭受较高水平父母心理控制、同伴拒绝和同伴侵害的青少年报告出较高的抑郁水平;父母拒绝比父母控制更能预测儿童抑郁,而且父母敌意与儿童抑郁的关系最为密切(Owens& Stevenson, 2012; Sadek&Bona, 2000; Thapar et al, 2003; Troister et al, 2010; Van Orden K A et al, 2010)。

以往这些大多是横断研究,没有聚焦关注具有较高抑郁易感性的青少年群体,青少年抑郁发展过程中同伴关系(如同伴侵害、同伴接纳、友谊质量、双向友谊等)、师生关系、亲子关系(尤其是父母养育)与环境的关系仍有待进一步深入研究,更需要得到"家-校-医-社"层面的多维关注。

共筑孩子心理成长的内心花园

心理咨询师"知心言"

一、孩子成长环境多批评、指责、打骂的方式,对其的负面影响是什么?

批评、指责,会给孩子带来自我否定、无能感,长期如此,会影响孩子自我概念的形成,他们不知道自己是谁,也不知道要做什么,觉得自己毫无价值。久而久之,就成为了我们常常说的"空心人"。

二、在孩子受到挫折时,家庭如何陪伴?

家庭是孩子最可以信赖、依靠的港湾,孩子在外面受到挫折,回到家,家长应给予理解、接纳,以及支持孩子,帮助其化解问题。让家庭成为孩子的安全基地。

三、林方烁到底怎么了,该接受怎样的帮助?

案例中,林方烁有情绪失控、持续低落的情况,有自杀倾向,且伴有行动。他可能是抑郁症表现,应去医院接受专业诊断。此外,林方烁长期处于负面教育、教养环境中,被否定、批评、指责,自我价值感低;其又处于青春期,在心理层面,他人眼中的自己,自己认为的自己,本身就处于一个矛盾中的整合时期。对他来说,学校里班主任的做法其实是公开羞辱他,对于青春期的孩子来说,这或许是一个创伤性事件。孩子应接受心理咨询,在咨询师的帮助下,修复创伤,并自我整合。

社会工作者的"肺腑说"

一、青少年时期得不到老师、同学们的认可怎么办？

儿童向青少年时期过渡的一个重要变化是自我认知的发展，包括"我是谁""我有什么特质""我要成为怎样的人"。在认识自己的过程中，需要不断从他人的反馈中剥离，即基于他人评价来明晰自我评价，真正发展出成熟、稳定的自我，忠于自己的努力和信念，这样可大大减少对他人评价的敏感度，也就不会执着于期待每一个人都给予认可。

二、青少年受挫后不被理解，出现抑郁情绪怎么办？

每一个人都会受挫，也都有过情绪低落的体验，绝大多数并不会导致"抑郁症"。青少年是身体、心理发生巨大变化的特殊时期，往往由于学业压力、人际关系压力及社会环境压力等造成心理负担。本案例中林方烁就面临着学业和人际关系双重压力，在无处纾解的境遇下不断压抑负面情绪，最终出现情绪障碍。应对办法有以下三方面，一是少逃避多对话，独处时和负面情绪"聊聊天"，接纳自己的委屈、伤心和愤怒；二是少思考多行动，当情绪无法抑制的时候让自己动起来，跳绳、跑步、游泳等运动是疏解情绪的好帮手；三是少沉默多沟通，不管是和父母、朋友还是社工、心理咨询师交流，都能在表达自己的同时获取理解和支持，说不定还能收获解决困扰的"金点子"。

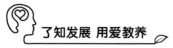

了知发展 用爱教养

共筑孩子心理成长的内心花园

三、家长怎样帮助孩子远离"抑郁症"?

当抑郁情绪演变成"抑郁症",说明孩子已经被困扰折磨了一段时间了,家长虽然一直陪伴在孩子身边,却苦于"使不上力"。那么,家长怎样关心和帮助才能有效呢?首先,家长要尊重孩子是独立的个体,只将个人经验作为建议而非决定,这样才能建立平等沟通的关系,创造和谐非压迫的氛围;其次,家长要看到孩子的积极努力,真心地给予认可是孩子非常重要的"成功体验",也是获取孩子接纳和沟通的基石;最后,家长要成为积极生活的"示范者",与孩子一起培养良好的习惯,发展自己的兴趣,从单一施授转为双向奔赴,如遇到工作、生活困扰时,也可以听听孩子的建议,说不定孩子的智慧会让您醍醐灌顶呢!

(案例:臧伟胜　医生:郑　宏
心理:臧伟胜　社工:郭　明)

臧伟胜　复旦大学计算机科学系本科,工商管理学硕士,上海师范大学应用心理硕士,中国心理学会、上海心理学会、上海心理卫生行业协会和中国性学会会员。从事心理咨询工作逾10年,重点关注各类自我探索与成长问题、儿童青少年心理问题、中年危机问题、情绪情感与人际关系问题等。

郑 宏 华东师范大学附属精神卫生中心(上海市长宁区精神卫生中心)精神科主任医师、公共精神卫生教研室主任,华东师范大学兼职教授,担任长三角儿童青少年心理健康促进联盟常务秘书长等。具有丰富的儿童青少年精神病学、心理治疗、精神康复等学科的临床综合服务、实践教学指导和心理健康科普项目设计与执行的经验。

郭 明 上海市阳光社区青少年事务中心副总干事,上海市计划生育协会理事。社会工作专业硕士,具有社会工作师、国家二级心理咨询师资质。从事青少年群体提前预防、临界预防、再犯预防的专业督导以及困境儿童、学校社会工作站等重点项目运作。荣获2018年"上海市青年五四奖章"称号,2023年度中国社工人物。

参考文献

海曼,熊俊梅,龚少英,等.心理健康双因素模型指标的再探讨及稳定性研究[J].心理科学,2015,38(6): 1404 - 1410.

Avenevoli S, Knight E, Kessler R C, et al. Epidemiology of depression in children and adolescents. In: Handbook of Depression in Children &

Adolescents[M]. New York: Guilford Press, 2008: 6-32.

Chen et al. Adolescent suicide and suicidal behavior[J/OL]. The Lancet Child & Adolescent Health, 2014. http://dx.doi.org/10.1016/S2352-4642(18)30170-6.

Conway K P, Compton W, Stinson F S, et al. Lifetime comorbidity of DSM-IV mood and anxiety disorders and specific drug use disorders: results from the National Epidemiologic Survey on Alcohol and Related Conditions [J]. Journal of Clinical Psychiatry, 2006: 247-257.

Jinnin R, Okamoto Y, Takagaki K, et al. Detailed course of depressive symptoms and risk for developing depression in late adolescents with subthreshold depression: A cohort study[J]. Neuropsychiatric Disease and Treatment, 2017, 13: 25-33.

Lee Y Y, Stockings E A, Harris M G, et al. The risk of developing major depression among individuals with subthreshold depression: a systematic review and meta-analysis of longitudinal cohort studies [J]. Psychological medicine, 2019, 49(1): 92-102.

Liu X C, Chen H, Liu Z Z, et al. Prevalence of suicidal behaviour and associated factors in a large sample of Chinese adolescents[J]. Epidemiol PsychiatrSci, 2019, 28(3): 280-289.

Owens M, Stevenson J, Hadwin J A, et al. Anxiety and depression in academic performance: An exploration of the mediating factors of worry and working memory [J]. School Psychology International, 2012, 33 (4): 433-449.

Sadek N, Bona J. Subsyndromal symptomatic depression: a new concept [J]. Depress Anxiety, 2000, 12: 30-39.

Schacter H L, Juvonen J. Depressive symptoms, friend distress, and self-blame: Risk factors for adolescent peer victimization[J]. Journal of

Applied Developmental Psychology, 2017(51):35-43.

Thapar A, Collishaw S, Pine D S, et al. Depression in adolescence[J]. Lancet, 2003, 32(2): 239-248.

Troister T, Holden R R. Comparing Psychache, Depression, and Hopelessness in Their Associations with Suicidality: A Test of Shneidman's Theory of Suicide[J]. Personality and Individual Differences, 2010, 49(7): 689-693.

Van Orden K A, Witte T K, Cukrowicz K C, et al. The Interpersonal Theory of Suicide[J]. Psychological Review, 2010, 117(2): 575-600.

看不清的"前路",寻不到的"议论"

——起病于儿少期的精神分裂症

小雅是一个开朗乖巧的16岁高一女孩,一直以来都是那种"别人家的孩子"。长相甜美可爱,而且自幼听话懂事,是人见人夸的好孩子。在学校也是妥妥的学霸一枚,老师称赞、同学羡慕、家长喜欢……然而,不知从何时开始,小雅好像渐渐变了。

最先察觉到小雅细微变化的是班主任杨老师,那天是杨老师的数学课,课堂上杨老师出了一道很有难度的题目,同学们都在热情地互动着,几个同学斗志昂扬却均败下阵来,后来杨老师把期待的目光投向了小雅,结果发现小雅眼神迷离,全然不在状态,"小雅,这道题你来解解看?"这时的小雅仿佛大梦初醒般地"啊"了一声,然后支支吾吾半天没有答上一个字来。此后这样的状况接连出现过两三次,其他任课老师偶尔会和杨老师说"最近小雅怎么回事,上课像丢了魂儿一样"。直到有一次随堂测试,小雅的成绩一落千丈,杨老师找小雅谈心,发现小雅一改往日的落落大方,一直低着头,面无表情,讲话时眼神涣散,注意力不集中,便赶紧电话联系了小雅的妈妈。

小雅妈妈突然被"叫家长",先是吃了一惊,但似乎又在预料之中,因为最近三个月来,妈妈似乎也感觉到女儿越来越不对劲。以前一家人围坐在一起吃晚饭时,小雅总是叽叽喳喳讲着学校里发生的趣事,或是让她沾沾自喜或苦恼焦虑的活动和考试,可是现在的小雅常常沉默不语,吃饭时若有所思,有时还轻声嘀咕着什么,吃几口就回房间了;有几次妈妈想带小雅周末出去放松放松,小雅表现得全无兴趣,说"外面那么吵,有什么好逛的";还有两次妈妈半夜起来去卫生间,发现小雅的房间依旧亮着灯,打开房门看到小雅一脸茫然地坐在书桌前发呆痴笑;还有甚者,妈妈曾看到小雅站在窗前自言自语,询问她在说什么,小雅气愤地回答,"只许他们说我,还不许我反击啦!"看到小雅一反常态,妈妈隐隐感觉自己多年来一直担心的事情恐怕真的发生了。原来小雅的奶奶在年轻时曾经犯过精神病,后来还复发过几次,有一次病情严重,住院治疗了好久才有所控制,小雅现在的表现真的有点像发病时的奶奶。于是,妈妈毫不犹豫带着小雅找到了精神科的医生。

　　在精神科医生耐心安抚下,小雅终于敞开心扉说出了自己压抑很久的心事。小雅告诉医生,大概四个多月前,她和两个同学一起吃午饭,正当她津津有味地啃着大鸡腿时,突然听到有人说"你看他(她),那么胖了还吃",她循声望去发现大家都在吃东西,没什么异样,她迷惑了一会儿后继续吃,但那个鸡腿已变得索然无味。此后,类似的情况又出现过几次,小雅一度怀疑自己真的长胖了、变丑了,经常照镜子、称体重,听到妈妈说要带自己逛街买衣服就特别反感。后来,小雅经常在课堂上听到有人说"太圣母了""装得累不累",但东张西望半天始终找不出到底谁在说自己,以致于上课时经常漏听老师讲的内容,甚至有一次杨老师叫她回答问题时她根本无从答起,羞愧难当。渐渐的,她上课完全听不进去,学习成绩也开始下滑,"你看你看,让你再装,假惺惺的"。为了把功课补起来,小雅晚上经常熬夜不敢睡,但每每要读书,那些人总会跑

出来说"废物,别装了,快去死吧",有一次小雅终于忍无可忍了,问他们"你们到底是谁,为什么要这么说我",还回怼了他们,"你们才应该去死"。就这样,小雅的精神越来越恍惚,晚上休息不好,白天头晕脑涨,而且好像自己走到哪里,那些声音就如影随形地跟到哪里,认识的、不认识的人都在嘲笑着自己,小雅以往的自信从容再也不见了。小雅跟医生说"我有时候真想找个地方缩起来,为什么他们一直说我,我却找不到他们?""我以后该怎么办?是不是我死了,他们才能消失?""我割过自己,但他们好像依旧没有放过我"……

医生的"贴己话"

目前认为精神分裂症(schizophrenia)是一种慢性神经发育性脑病,病因尚不明确,复杂的遗传因素与生物及环境因素的交互作用导致了疾病的发生。该病多起病于青壮年,临床症状复杂多样,主要表现为感知觉、思维、情感及行为等障碍,以及精神活动的不协调。据世界卫生组织(WHO)估计,全球精神分裂症的终生患病率为 3.8‰~8.4‰,且具有高复发率及高致残率等特点(赵靖平和施慎逊,2015)。2020 年,美国精神病协会在最新的精神分裂症治疗实践指南中明确指出"促进及维持康复"是精神分裂症的首要治疗目标,充分体现了精神分裂症治疗理念的变化,要求不仅要全面控制患者的临床症状,更要注重患者生活质量的改善以及社会功能的提高(Keepers et al,2020)。指南建议遵循规范化、个体化和整合治疗的原则进行基于评估的全病程管理。抗精神病药物治疗是精神分裂症的主要治疗手段,除药物治疗以外,心理社会问题应该给予重视,心理社会干预应与药物治疗相结合,并及时应用于精神分裂症病程的特定阶段,促使其社会功能能迅速而有效地恢复。还可根据具体情况,选择联合电抽搐等。治疗临床医生、患者和家庭成员之间良好的治疗同盟关系也是精神分裂症得到有效缓解的基础。

以本案例中的小雅为例,通过知情人提供的病史和自己的表述不难发现,小雅出现了明显的言语性听幻觉、思维联想改变、情感活动异常、注意力、学习能力等认知功能受损、睡眠异常等症状,持续近四月,学习、生活等功能均受到了显著影响。小雅的奶奶患有精神疾病,这可能也潜在地增加了小雅罹患精神疾病的风险。围绕目前小雅的状况,专科医生通过综合评估,采取了"药物＋心理＋康复"的综合干预,通过药物控制其精神病性症状,通过个体或团体辅导帮助其恢复心理社会功能,同时通过疾病健康教育,帮助小雅和父母正确认识精神分裂症,提高治疗疾病的信心和依从性,帮助小雅逐步战胜疾病,早日恢复健康。

心理咨询师"知心言"

据我国 2021 年的一项调查结果显示:6~16 岁的在校学生中,抑郁、焦虑等精神障碍总患病率为 17.5%。随着青春期的来临,青少年们进入了生理和心理发展的高速时期,因此也面临着很多精神健康的风险。这有点像在高速公路上"飙车",一旦车速太快,车子的稳定性和安全性就会下降,这也是为什么像小雅这样的青春期孩子会出现各种心理问题甚至患上精神疾病的原因之一。

从小雅的经历中可以看出,由于患上了精神分裂症,她十分痛

苦,虽然表面上看,这些痛苦很难被他人理解,例如,她幻听到别人谩骂和侮辱自己,因此陷入深深的痛苦、害怕和焦虑之中,甚至因此导致了伤害自己等危险的念头……这些症状如同一个巨大的心理黑洞,让小雅无法正常生活和学习。此时,除了尽快到医疗机构就诊并进行科学治疗之外,来自家庭、学校和身边人的理解与支持对她也非常重要。

作为小雅的家长或监护人,应该更积极地帮助她进行专业治疗和康复。这不仅需要父母督促小雅按时按量遵医嘱服药,还需要在日常生活中对孩子保持更大的耐心。比如当小雅因为疾病影响出现情绪波动、学习和生活能力下降时能够接纳,并帮助她慢慢康复。同时也要注意保护好小雅的安全,预防因为精神症状引起的自我伤害或攻击性行为。

作为小雅学校的老师和同学们,如果小雅康复后能够返回学校学习,请给予接纳和帮助。精神分裂患者康复后可能也存在着一些认知功能的下降,比如记忆力和注意力不能集中,社交能力也可能受损等,如果老师和同学能够给予温暖的包容和及时帮助,对她的社会功能康复非常有帮助。

而作为小雅身边的其他人,比如邻居、朋友等,请尽量给予一个友好的支持性的环境。面对像小雅一样处于精神分裂发作期的患者,人们常常会因为害怕而远离,但从小雅内心的感受也可以了解到:真正处于弱势、容易被伤害的反而是精神疾病患者本身。多一点友善的微笑和行为,在她需要的时候给予力所能及的帮助,就能更好地让小雅这样的青少年早日康复,回归正常生活!

社会工作者"肺腑说"

精神分裂症是一种复杂的精神疾病,不仅会影响患者的心理健康,还可能会导致其社会功能下降。在本案例中,因为受到疾病症状的影响,小雅的学业、人际关系、日常生活都发生了天翻地覆的变化。因此,如何帮助小雅在病情稳定后回归社会、正常生活也同样不容忽视。

目前,很多社工都会与医疗机构、社区建立紧密的合作关系,为患者提供各类康复服务,例如职业技能培训、社交技能训练和日常生活能力训练等。这些服务旨在帮助患者恢复或提升他们的社交、职业和生活技能,增强他们的自我管理和自我控制能力。同时,社区康复活动还有助于患者改善心理状态,缓解精神压力。患者可以通过与病友的互动,分享彼此的经历和感受,减轻孤独感和焦虑情绪。因此,小雅家属可以陪伴和鼓励小雅积极参与此类活动,通过学习和实践,掌握一些实用的生活技能,增加现实生活中的人际互动,从而帮助她提升自信心,更好地融入社会。

另外,精神疾病的被污名化也是患者回归社会所面临的巨大阻碍,通过更大范围、更广层面的普及宣传,改变大众对于精神疾病的认知同样刻不容缓。例如,可通过连续观念干预、引导大众客观看待精神疾病,鼓励大众认识到精神健康和精神疾病是一个连续概念,从一个极端,即严重的精神疾病症状,到另一个极端,即不存在症状,中间部分为存在不同严重程度的症状。在人的一生中,每个人都有可能在某个时刻出现某种严重程度

的精神疾病症状,我们和患有精神疾病的人其实是处在同一个连续体上,我们与他们的距离并非那么遥远,应保持一颗平常心对待他们。同时,患者家属也需要注意患者的自我污名化,矫正他们看待自己和疾病的态度、信念,帮助患者摆脱对自我的负性评判和羞耻感。

(案例:刘晓华　医生:刘晓华　心理:王　楠
社工:王　楠　李　黎)

刘晓华　上海交通大学医学院附属精神卫生中心主任医师,医学博士,硕士生导师。担任中国神经科学学会精神病学基础与临床分会(CSNP)秘书长、CSNP抑郁障碍研究联盟副主任委员兼秘书长等学术兼职,2011年入选"上海市卫生系统优秀青年人才计划",2020年入选"上海市公共卫生体系建设三年行动计划(2020—2022年)学科带头人计划"。

李　黎　上海交通大学医学院附属精神卫生中心心理健康促进科副科长,主要负责开展精神卫生、心理健康宣教及培训,具有丰富的职场人群、社区居民、家庭亲子等科普宣讲经验。权威心理健康科普公众号"上海精神卫生飘扬的绿丝带"负责人,拥有17年心理咨询和心理治疗

经验,擅长家庭咨询、青少年咨询及相关心理疾病治疗。

王 楠 华东师范大学应用心理专业硕士(在读),儿童青少年心理咨询师、儿童游戏咨询师,上海市心理学会临床心理专委会会员。

参考文献

赵靖平,施慎逊.中国精神分裂症防治指南(第二版)[M].北京:中华医学电子音像出版社,2015.

Keepers G A, Fochtmann L J, Anzia J M, et al. The American Psychiatric Association Practice Guideline for the Treatment of Patients With Schizophrenia[J]. Am J Psychiatry, 2020, 177(9): 868-872.

第4篇

用爱诵读

——

送给青少年的诗歌

"内在成长"诗歌篇

一、心灵花园

心灵悠远,有一处秘境;
绚丽多姿,又有待探寻。
烦恼若至,则抚平疗愈;
璀璨绚烂,就生生不息。
不要让阴霾遮蔽了浩瀚的天空;
尽情欢唱,随风轻舞。
让爱怒放——
每一天、每一时、每一刻,
心灵花园,心之向往!!

二、情绪调色盘

你我的情绪,仿若调色盘;
每一种色彩,都是情绪的模样;
快乐如明黄,满满元气;
欢愉似大红,热情奔放;
痛苦像墨色,异常深沉;
悲伤似幽蓝,孕育力量;
每种情绪都是生命的体验。

五彩斑斓、五味杂陈；
一路同行、轻轻调和；
接纳涵容、理解关爱。

三、少年之勇

少年之勇，展翅高飞；
即便黑夜沉沉、前路茫茫；
仍能飞过浩瀚的汪洋；
仍能越过高迈的山峰；
仍能穿越茫茫的荒漠；
少年之勇，一往而无前；
少年之勇，无比之珍贵！

四、自我成长

如若有一面镜子，
照到你我，
作为世界的创造，
一定会有独一无二的你。
也许并不伟岸，也许并不英武，
但那就是真实的你！！
并不仰视、也不鄙视，
尝试着平视自我，
如同世界上的万事万物，
容纳自己；
如同每天都会看到不同的你，

不必恐惧,
期待尚未到来的以后,
那里有你,
朴质而平凡,
温暖又亲切,
一切都是最为自在、自洽、自然的你!

五、爱自然、悦纳心

天朗,月疏,星耀,光影下我爱曼舞翩翩;
风起,云动,草摇,时光里你常极目眺望;
悦己容纳,时空羁绊;
浑然天成,心之翱翔。

(杨 玲)

杨 玲 上海市松江区精神卫生中心副院长,精神科副主任医师,国家二级心理咨询师,担任上海市女医师协会精神心理专委会委员等职。

"青春之歌"诗歌篇

一、情绪之海,我心为舟

情绪如潮,时而汹涌,时而平,
我心为舟,漂浮其上,随风行。
不拒悲伤,不迎欢喜,只愿心自明,
接纳一切,如海广阔,我心自宁静。

二、记忆的碎片

记忆,在心底某个角落,
不经意间,泛起涟漪。
那是微笑,或是泪水,
悄悄诉说着,过往的痕迹。

我们走过,岁月长河,
记忆如碎片,拼凑成我。
感激它,赠予的宝藏,
照亮前行,永远闪光。

三、时间河流

生命,在时间的河中漂流,

有时平静如镜,有时波涛汹涌。
我们在这河流中,感受生命的起伏,
也在这旅程中,寻找自己的方向。

有时,我们顺流而下,
享受着生命的轻松与自由。
有时,我们逆流而上,
挑战着生命的困难与阻碍。

但无论顺流还是逆流,
都是生命独特的航道与风景。

四、生命之树

生命,宛如一棵树,
深根扎入岁月的土壤。
它静静矗立,时光轻抚,
年轮默默,记录风雨与阳光。

风雨洗礼,它坚韧不拔,
每一滴都化作内心的力量。
阳光洒落,它欣然接受,
枝叶间透露对天空的渴望。

根深叶茂,它屹立不倒,
承载着希望,绽放着生命的辉煌。

五、包容·心语

心,漫步岁月长河,
学会对一切轻说"好"。
风带尘埃与花香,
它皆接纳,不问来方。

愿心如无垠天,
乌云彩虹皆能拥。
心旅漫长有包容,
爱,如影随形中。

六、我之为我

我,站在这纷繁世间,
无需刻意,自我风采尽显。
镜子里,那笑与泪的脸庞,
是我,真实无畏,悦纳所有。

梦想如灯,照亮我心深处,
不求完美,只愿真诚以对。
世间万象,我取其真,
我之为我,自在如风,无拘无束。

(李紫嫣)

李紫嫣 华东师范大学应用心理学专业临床与咨询心理学方向硕士，上海市健康科普专项计划青少年正性情绪体验科普公益频道主播、儿童青少年社交技能训练高级资格认证，专注于儿童青少年心理辅导和家庭教育指导。

附一 制怒四步骤

1. "愤怒感受",你来了

（识别、觉知情绪,学会与"情绪"保持距离,关照情绪）

"愤怒"来临时,你会有类似"热热、晕晕、涨涨"的感觉吗?

记住这些感受噢,如果又出现了,就对自己说,"愤怒"来了。

2. "五指打开",打招呼

（身心一体,身体从紧绷到放松,让自己放松下来）

将五个手指用力握紧再打开,记得对"愤怒"打招呼,你好!

3. "一呼一吸",说告别

（正念身体扫描,把呼吸当做锚定点,调适情绪）

打好招呼,和"愤怒"一起"一呼,一吸"。

一呼,呼出"热热、晕晕、涨涨",对愤怒说"没事,会过去"。

一吸,吸进"满满元气、足足能量、虎虎精力",对自己说"就这样,再开始"。

三个"一吸,一呼",对愤怒说"我明白了你来的意思,下次再见"。

4. "我真棒噢",长大了

(认知调整,把"情绪"和"我自己"分开来,感受成长)

有空把这次"愤怒"来的情形,想到了什么,感到了什么,发生了什么,做了什么,作为心情日记写下来噢,记得再贴个粘纸,告诉自己,我又长大了!

吴泠伶　华东师范大学应用心理硕士,高校心理咨询中心兼职咨询师。具有心理辅导与服务中级证书,担任儿童青少年IPT团体、厌学沙盘团体、成长型思维团体助理,持续进行个人体验、咨询及督导等工作。

附二　资源地图：上海市、区级专业医院

单　位	地　址	邮编	电　话
长宁区精神卫生中心	协和路 299 号	200335	021-22139500
金山区精神卫生中心	金石南路 1949 号	201515	021-57930999
黄浦区精神卫生中心	瞿溪路 1162 号	200023	63277700（黄浦区院） 53010724（卢湾分院）
闵行区精神卫生中心	闸航路 2500 号	201112	021-64924615
宝山区精神卫生中心	友谊西路 788 号	201906	021-66782273
静安区精神卫生中心	平遥路 80 号 康定路 834 号	200040	021-66510223
虹口区精神卫生中心	恒业路 180 号	200083	021-56662531
徐汇区精神卫生中心	龙华西路 249 号	200232	021-64560088
浦东新区精神卫生中心	三林路 165 号	200124	021-68306699
普陀区精神卫生中心	志丹路 211 号	200065	021-56612948
杨浦区精神卫生中心	军工路 585 号	200093	021-61173111
嘉定区精神卫生中心	望安路 701 号	201826	021-59935000
松江区精神卫生中心	塔汇路 209 号	201617	021-57842941
青浦区精神卫生中心	练西公路 4865 号	201721	021-59295508

续 表

单　位	地　址	邮编	电　话
奉贤区精神卫生中心	奉炮公路1180弄1号	201418	021-57120995
浦东新区南汇精神卫生中心	拱乐路2759号	201399	021-68036130
崇明浦东南精神卫生中心	三沙洪路19号	202150	021-69611075
上海市精神卫生中心	宛平南路600号	200030	021-34773231（徐汇院区）021-54339391（闵行院区）

本书由以下项目资助：

长宁区卫健委医学硕博士创新人才基地项目(RCJD2022S07)

长宁区卫健委医学特色专科(20232005)

长宁区卫健委高质量发展项目"家庭教养提升和亲子沟通能力培训及其支持体系构建"